D0783062

Cristiano Ronaldo

Cristiano Ronaldo

Historia de una ambición sin límites

Luca Caioli

© Luca Caioli, 2012

Primera edición: marzo de 2012

© de esta edición: Libros del Atril, S.L.
Av. Marquès de l'Argentera, 17, pral.
08003 Barcelona
info@editorialcorner.com
www.editorialcorner.com

Impreso por Egedsa
Roís de Corella 12-16, nave 1
Sabadell (Barcelona)

ISBN: 978-84-15.242-18-5
Depósito legal: B. 3.845-2012

Índice

Yo

Lo que Cristiano piensa de Ronaldo

«*Me encanta ser Cristiano Ronaldo.*»

«*Me gusta lo que hago, me gusta mi vida. Soy una persona feliz.*»

«*Yo me considero un ganador. Gano más que pierdo. Intento mirar siempre hacia delante. Sé que es muy difícil, pero nada en la vida es fácil. Si lo fuera no hubiéramos nacido llorando.*»

«*Yo soy una persona competidora y nunca voy a cambiar. Es verdad que con el paso de los años voy adquiriendo madurez, pero en lo fundamental pienso siempre igual.*»

«*Yo confío en mis capacidades. Siempre he sido así.*»

«*Yo soy lo que soy, lo que muestro, lo que las personas ven. Tengo solo una cara.*»

«*Yo nunca he acomodado mi manera de ser. A quien le gusto bien, a quien no, que no hable conmigo o que no venga a verme jugar.*»

«*Yo tengo mi personalidad, mi carácter, y solo quien me conoce sabe cómo soy de verdad*».

«*Yo estoy muy ligado a mi familia. Lo estuve a mi padre y lo estoy a mi madre y hermanos. Ellos han sido un pilar en mi vida. Siempre me han dado mucho apoyo, han estado ahí cuando los necesitaba. Me han ayudado mucho y yo intento devolverles todo lo que me han dado.»*

«La personas que me conocen bien, me adoran. Los que conviven conmigo, que no son muchos, los que comparten conmigo el día a día en los entrenamientos, los que trabajan conmigo, tienen una buena impresión de mí porque saben como soy. La gente de fuera opina de manera distinta porque no me conoce. Lo entiendo.»

«Yo soy una persona que dice siempre lo que piensa. Digo la verdad y eso puede ser que no guste a algunos.»

«Yo he tenido una buena educación. Mi madre y mi padre me han enseñado a ser verdadero, a no cambiar el carácter por los otros. Si gusto, bien. Si no gusto, no pasa nada, me da igual.»

«Si Dios no agradó a todo el mundo, ¿cómo voy a conseguirlo yo?»

«Yo no hago caso de lo que se dice de mí. No leo los periódicos, no leo las revistas. Cada uno tiene su opinión.»

«Se dicen muchas mentiras sobre mí. Es el precio de la fama.»

«Yo pienso que por ser rico, guapo y un gran jugador, las personas tienen envidia de mí, no hay otra explicación.»

«Yo soy una persona con la que es muy fácil convivir. Y me siento afortunado porque cuando tengo que hablar de mis cosas tengo amigos de toda la vida».

«Yo soy una persona normal y tengo sentimientos como los demás.»

«Yo soy una persona a la que le gustan los desafíos. Siempre

fui así, siempre me han gustado. Mi vida está hecha a base de nuevos retos.»

«Yo estoy siempre dispuesto a aprender, a escuchar una opinión.»

«Para mí la relación con las personas es más importante que el dinero.»

«Lo importante no es el dinero sino tener calidad de vida.»

«Me gusta ver que la gente que tengo a mi alrededor sea positiva, esté contenta y sonriente.»

«No se gana nada, en esta vida, si no se pasan dificultades como yo pasé.»

«Lloraba casi todos los días cuando era un niño y estaba en Lisboa. Hoy sigo llorando de felicidad o de tristeza. Todavía me quedan muchas lágrimas. Es bueno llorar. Llorar forma parte de la vida.»

«Yo no soporto a quien me miente. Mentir para mí es una de las cosas peores. Me hace enfadar.»

«Hablar a todas horas no es mi forma de estar en la vida. Hablar demasiado en público desgasta tu imagen.»

«De mi vida privada no me gusta hablar. Ni me exhibo ni me escondo. Quien quiere hablar que lo haga. Quien quiera vender o tener audiencia que lo haga. A mí no me interesa.»

«Yo soy un chico listo, pero nadie es perfecto y yo no soy perfecto.»

«Hay días en los que no es fácil ser Cristiano, porque te apetece hacer cosas normales y no puedes. Pero sé vivir así y la verdad es que no estoy incómodo con mi vida.»

Mi fútbol

Lo que Ronaldo piensa de su juego

«*A quien le gusta el fútbol, seguramente le gusta ver a Cristiano Ronaldo.*»

«*Yo hago lo que más me apetece en la vida: jugar al fútbol.*»

«*Mi vida es, esencialmente, el fútbol, pero al margen del fútbol trato de llevar una vida normal con mi familia y con mis amigos en la medida de lo posible. Me gusta ir a restaurantes o a cines, pero voy poco porque salir me resulta difícil. Yo elegí la vida que llevo y lo asumo.*»

«*Lo he ganado todo pero nunca me cansaré de ganar hasta que me retire. Es mi forma de ser. Creo en los bajos estados de forma, pero no en otros bajones. La mentalidad es importantísima para conseguir los objetivos. Y la clave es que siempre hay que marcarse objetivos.*»

«*Mi objetivo y mi ambición es llegar a ser el mejor. Si al final alcanzo la posibilidad de ser el mejor, pues perfecto; aunque lo que quiero es entrar en el club de los mejores jugadores de la historia. Gracias a Dios ya he ganado el trofeo al mejor jugador del mundo, pero espero ganarlo otra vez. Sí, voy a volver a ganar el Balón de Oro.*»

«*Yo intento mejorar mi rendimiento año tras año porque sé que el día que yo crea que lo tengo todo ya no seré el mejor futbolista. Mi idea es hacer algo fantástico todas* las temporadas, algo nuevo que no haya hecho o conseguido antes, y mi suerte es que tengo detrás un equipo magnífico.»

«Yo creo que soy un futbolista completo, aunque siempre se pueden mejorar muchas cosas. No pienso en aspectos particulares, siempre generalizo y creo que hay que crecer globalmente. No solo me fijo en el tiro o en el regate.»

«Regatear es mi manera de jugar. Juego así desde pequeño. Me gusta regatear, superar al adversario. Entiendo que las personas se enfaden por mis regates, mis bicicletas, mis taconazos, pero yo no quiero burlarme de los adversarios. Es mi estilo y no lo he cambiado en Inglaterra y no lo voy a cambiar en España o en Brasil.»

«Mi golpeo de balón es un secreto que no voy a desvelar. Cuando voy a tirar siempre me digo: "tira bien Cristiano". Miro al portero, a los defensas… pienso hacia qué lado voy a tirar y lanzo.»

«Siempre intento marcar goles, jugar bien y ayudar al equipo. Pero nunca pienso: tengo que marcar en cada partido. Si piensas así, terminas por no marcar. Los goles llegan naturalmente por tu talento, por tus cualidades técnicas, por tu habilidad. Así que yo no me preocupo si un día no marco. Si el equipo y yo jugamos bien, los goles llegan por sí solos.»

«No importa dónde jugamos o contra quién, en cada partido salgo al campo a dar lo máximo para ganar.»

«Después de perder un partido llego a casa y a veces no hablo ni con mi madre. Todos en mi familia me conocen y ya saben cual es mi reacción. Lo paso mal y a veces he llorado después de perder algún partido.»

«¿Mi punto débil? No lo sé, en general me gusta estar bien a todos los niveles, no solo físico, sino también mental. No *hay ninguna zona que trabaje más específicamente que otras. Quiero ser cada vez más fuerte.»*

«Los futbolistas somos personas y naturalmente que nos afectan las cosas que nos pasan en nuestras vidas. Lo que ocurre es que mientras más profesional eres más fuerte tienes que ser para mantener la regularidad dentro del campo. Nos pagan para eso.»

«Yo cuando compito hago una vida muy tranquila, concentrado al máximo en el fútbol. Hay momentos para disfrutar y otros para trabajar. Mis amigos y yo disfrutamos al máximo en mis vacaciones. Cuando trabajo, nadie puede reprocharme nada sobre mi actitud. Intento ser un profesional ejemplar, y eso se refleja en el campo. Una persona que sale todos los fines de semana no puede rendir al máximo en el campo.»

«Me gusta cuidar mi cuerpo, es una parte importante de mi vida y de mi profesión. Pero no hago nada particular, simplemente entreno. Como de todo, pero me cuido. No engordo, mis genes son buenos pero tengo que trabajar duro para mantener mi condición física.»

«Cuando voy al campo o a los entrenamientos soy feliz porque me encanta jugar al fútbol, es mi pasión y mi placer.»

«Yo considero a mis compañeros como mis amigos porque convivimos todos los días. Es mi segunda familia y donde estoy más tiempo fuera de casa, es con ellos.»

«A mí me encanta cuando el clima en el vestuario es alegre y hay un ambiente positivo y divertido.»

«Yo voy sin miedo al campo. No tengo problemas con los defensores adversarios, cada uno se defiende con sus armas. Yo pienso que ningún jugador tiene la intención de lesionarte. El noventa y nueve por ciento de los jugadores

son honestos y hacen lo mejor que pueden por sus equipos. Es verdad que algunos intentan pararme con faltas. Si no lo hicieran, no me pararían. Pero no me preocupo demasiado.»

«Creo que el fútbol debería cuidar a los jugadores que intentan crear y divertir, hacer un espectáculo cada vez más atractivo para el espectador, que es lo más importante. Sin las aficiones no habría nada. El Madrid, el Manchester, el Barcelona no serían tan conocidos en todo el mundo.»

«Trato de ignorar todas las provocaciones porque eso no es fútbol. Los que hacen esas cosas no son buena gente.»

«Me tapo los oídos cuando me dicen malas cosas, yo solo escucho los gritos de "ese portugués, ¡qué bueno es!". No necesito insultos para motivarme.»

«Los primeros que me insultan, luego son los primeros que al verme por la calle me piden un autógrafo. Yo entiendo que me teman, pero no que me insulten. Mis compañeros me dicen que cómo es posible que en los aeropuertos me quiera tanto la gente y luego en los estadios me insulten de esa forma.»

«No soy de los que están en casa toda la tarde viendo cuatro o cinco partidos de fútbol. No es que no me guste el fútbol, pero no me gusta verlo en la tele. Yo prefiero jugar. Veo solo los partidos del Madrid cuando no estoy en el campo y los grandes partidos.»

«Si no fuese jugador me gustaría seguir estudiando. Dejé de estudiar a los 16 años cuando entrenaba con el primer equipo del Sporting de Lisboa. Hubiera estudiado Marketing o profesor de Educación Física.»

«Sé que muchos niños me admiran y también por ellos intento jugar al fútbol lo mejor posible. Yo, personalmente, no tengo admiración por un deportista en concreto, aun-

que reconozco que hay grandes ejemplos de superación en el fútbol, en el baloncesto, en el atletismo, en la Fórmula 1, en el tenis… y a todos ellos los sigo y los aprecio.»

«*Me gustaría que me recordasen como un ejemplo, como un futbolista que siempre dio el máximo por el espectáculo y que lo ganó absolutamente todo.*» *

* Las frases de los dos primeros capítulos han sido seleccionadas de entrevistas o declaraciones concedidas a los siguientes medios de comunicación: RTVE, Antena 3, Telecinco, Intereconomía TV, Cadena Ser, Cadena COPE, Real Madrid Televisión, *Marca, As, Don Balón* y *A Bola*.

Abelhinha

Un niño feliz en una familia humilde

*L*a casa donde nació en la Quinta do Falcão (parroquia de San Antonio, 27 A, 9000 Funchal, Isla de Madeira) ya no existe. La vivienda de protección oficial, de tres habitaciones, hecha de bloques, tablas de madera y tejado de uralita fue demolida en 2007 para evitar problemas con los *okupas*. La familia Aveiro, desde hace tiempo, ya no vive ahí. María Dolores, la madre de Cristiano, vive ahora en un lujoso chalé blanco de dos pisos con vistas al Atlántico, en el barrio de San Gonzalo, en el otro extremo de Funchal. Una casa elegante que su hijo le compró junto a las de sus hermanos Hugo y Catia.

Ahora la Quinta do Falcão, el conglomerado de casas construido sobre la ladera de la montaña, ya no es el barrio pobre que era. En los últimos años, gracias a las ayudas de la Unión Europea se ha transformado. Han surgido nuevos bloques de viviendas y la zona se ha hecho apetecible también para la clase media portuguesa, horrorizada por los precios de la vivienda en la costa. Hoy, donde estaba la casa del futbolista, al final de una calle pequeñita y estrecha, hay un solar recubierto de matorrales, una pista de fútbol sala y un bar. Pero algunos aficionados llegan hasta allí, preguntan y los taxistas son capaces de organizar, por pocos euros, una gira turística para ver dónde nació, dónde creció, dónde fue a la escuela, dónde empezó a jugar a la pelota el futbolista que ha logrado eclipsar, en el imaginario colectivo de Portugal, a tantos visitantes ilustres de la isla de Madeira como Winston Churchill, la emperatriz Sissi, Carlos I de Austria, Bernard Shaw, Rainer Maria Rilke, Cristóbal Colón o Napoleón Bonaparte.

Madeira es un archipiélago en medio del océano Atlántico,

a 860 kilómetros de Lisboa. Tiene dos islas habitadas, Madeira y Porto Santo, y tres islas menores no habitadas. Madeira, el jardín del Atlántico, como recitan las guías turísticas, es una roca volcánica con 57 kilómetros de largo y 22 de ancho, formada por un macizo montañoso que desciende hasta el mar desde los 1.862 metros del Pico Ruivo. Funchal, con 110.000 habitantes, es la capital. Y fue ahí, en el Hospital Cruz de Carvalho, el martes 5 de febrero de 1985, a la 10.20 de la mañana, donde nació Cristiano: 4 kilos de peso y 52 centímetros de largo. Cuarto hijo de María Dolores dos Santos y de José Dinis Aveiro, tras Hugo, Elma y Catia. Un embarazo imprevisto que llega nueve años después del nacimiento de Catia y un niño al que hay que buscar un nombre. «Mi hermana, que trabajaba en un orfanato, me dijo que si era varón podía llamarlo Cristiano. Me pareció buena idea», cuenta su madre. «A mí y a mi marido nos gustaba Ronaldo, como el presidente de los Estados Unidos (Ronald Reagan, actor e inquilino de la Casa Blanca desde 1981 a 1989). Mi hermana escogió Cristiano y nosotros Ronaldo.»

El bautismo de Cristiano Ronaldo dos Santos Aveiro (en Portugal el apellido de la madre va por delante) se celebra en la iglesia de San Antonio. Y, casualidades de la vida, está marcado por el fútbol. Dinis, el padre del pequeño, en su tiempo libre trabaja como utilero en el equipo del barrio, el Andorinha. Así que como padrino de su recién nacido, elige a Fernao Barros Sousa, el capitán del equipo. La ceremonia es a las 6 de la tarde pero a las 4 hay partido. El Andorinha juega en Ribeira Brava, a unos 10 kilómetros de Funchal. Antonio Rodríguez Rebola, el sacerdote, ya ha bautizado a los otros niños y está bastante nervioso: ni el padre, que siempre acompaña al equipo, ni el padrino que lidera el conjunto del barrio, aparecen. María Dolores, que espera con el pequeño en brazos, y la madrina caminan alrededor de la iglesia intentando tranquilizar al párroco. Por fin llegan el padre y el padrino con más de media hora de retraso. La ceremonia se puede oficiar. Las primeras fotos del álbum familiar muestran a un bebé con grandes ojos atentos, vestido de blanco y azul, con pulseras de oro en las dos muñecas, anillo de oro y, en el cuello, una larga cadena con crucifijo.

Papá Dinis es jardinero del ayuntamiento, mamá María Dolores trabaja duro como cocinera para que sus hijos tengan comida todos los días. A los 20 años, como miles y miles de portugueses, María Dolores había emigrado a Francia. Estuvo tres meses en París limpiando casas. Su marido iba a reunirse con ella pero no lo hizo y tuvo que regresar a Madeira porque ya tenía dos hijos. La vida no es fácil para la familia Aveiro, como para todos los vecinos de la Quinta do Falcão. Nada que ver con los lujosos hoteles que se levantan en la costa de la isla. La familia crece y la casa se queda pequeña para los cuatro hijos. Cada vez que hay una tormenta aparecen goteras por todos lados. La madre de Ronaldo tiene que pedir cemento y ladrillos al ayuntamiento para poder arreglar la casa. No sobraba el dinero, pero si le preguntas a Ronaldo por su infancia asegura que fue feliz, sobre todo porque nunca se apartaba de la pelota.

«Una navidad le regalé un cochecito teledirigido pensando que le haría ilusión, pero no, prefería una pelota», relata Fernao Sousa. «Dormía con el balón. No lo dejaba nunca. Siempre bajo el brazo, siempre con el balón para acá y para allá.» A los seis años, Cristiano entra en la Escuela Básica Gonçalves Zarco, más conocida como la Escola de Barreiros porque está muy cerca del Estadio dos Barrieros, donde juega el Marítimo de Funchal. Cristiano no es un gran estudiante. No es malo pero tampoco es un empollón. Aprueba los cursos sin más. María dos Santos, una de sus maestras en aquella época, lo recuerda como un alumno «bien educado, divertido y buen amigo de sus compañeros». Y de la pasión por el fútbol del chico dice: «Desde el primer día fue su deporte preferido. Si no había una pelota a su alrededor él y sus amigos la hacían con calcetines. Al final, siempre encontraba la manera de jugar al fútbol en el patio de recreo».

Fútbol en el colegio y en el barrio. «Cuando llegaba a casa de la escuela —explica su madre— yo le decía: "Ronaldo ve a tu cuarto a hacer los deberes". Él siempre me respondía que no tenía nada qué hacer. Así que yo iba a cocinar y el aprovechaba la ocasión. Saltaba por la ventana, agarraba un yogurt o alguna fruta y corría con el balón bajo el brazo a jugar. Regresaba a las 9.30 de la noche.» Y esto sin contar las veces que por el balón hace novillos y se salta las clases. «Sus profesores me decían que tenía que regañarle por eso, pero yo no le castigaba. Tenía que practicar mucho para convertirse en un gran jugador.»

«Estaba siempre jugando a la pelota con mis amigos, pero lo que más me gustaba hacer, era mi forma de pasar el tiempo» reconoce años después Cristiano. Juega en la calle porque cerca de su casa no hay ningún campo. La Quinta do Falcão es un barrio inclinado por donde circulan autobuses, coches y motos. Hay que quitar las piedras de las porterías y esperar que el tráfico pase para reanudar el partido. Son enfrentamientos entre una casa y la otra, entre pandillas de amigos. Son partidos que nunca terminan. El problema es cuando el balón se cuela en los jardines de los vecinos, como el patio del señor Agostinho, que siempre amenaza a los niños con pinchar la pelota. La calle y el tiempo que pasó chutando solo, durante horas contra una pared, son las primeras academias de fútbol de Cristiano. Es ahí, jugando con niños mayores que él, donde aprende los trucos y la técnica que lo van haciendo grande y forjan su carácter. «Todo el día andaba por la calle con la pelota y hacía auténticas diabluras con el balón. Parecía que lo llevara pegado al pie», recuerda Adelino Andrade, un vecino de los Aveiro. «Tenía un don para jugar al fútbol. Era bueno, pero nunca pensamos que podía llegar donde ha llegado», dice Elma, su hermana.

A los seis años Cristiano empieza su aventura en el mundo del fútbol. Nuno, su primo, juega en el Andorinha. Cristiano ha ido al campo muchas veces acompañando a su padre. Los dos primos son inseparables. Nuno lo invita a verle jugar. Le pregunta si le gustaría entrar en el equipo. Cristiano comienza a entrenar y decide quedarse. María Dolores y Dinis están contentos con la decisión de su hijo pequeño. Los dos son muy aficionados al fútbol. El Benfica es el equipo preferido del padre y de Hugo, el hermano mayor de Ronaldo. La madre adora a Luis Figo y al Sporting de Lisboa. En la temporada 1994-95, con nueve años, Cristiano Ronaldo dos Santos Aveiro obtiene su primera licencia deportiva de la Associação de Futebol de Funchal con el número 17.182. Y se viste de celeste con la camiseta del Andorinha, un club de barrio con solera, fundado el 6 de mayo de 1925, cuyo nombre (en español, golondrina) deriva del disparo certero de un futbolista que fue seguido por el vuelo de una golondrina.

Francisco Afonso, maestro de primaria que tuvo como alumna a Catia, la hermana de Cristiano, es un hombre que ha dedicado 25 años a la categoría infantil del fútbol de Madeira. Fue el primer entrenador de Ronaldo y no se ha olvidado de la primera vez que vio al jugador: «La pelota era para Cristiano el pan nuestro de cada día. Ya era muy rápido, tenía una gran técnica, jugaba tan bien con la izquierda como con la derecha. Era flacucho pero un palmo más alto que los niños de su edad. Sin duda era un superdotado, tenía un talento natural que le venía de sus genes. Quería siempre la pelota, quería resolver el partido él solito. Tenía una gran voluntad, quería hacerlo todo bien siempre en cualquier posición del campo donde jugase. Y se desesperaba cuando no podía jugar o perdía un partido».

Rui Santos, el presidente del club, recuerda especialmente un partido de la temporada 1993-94: Andorinha·contra Camacha. En aquella época, el equipo de Camacha era uno de los más fuertes de la isla. Andorinha, al final de la primera parte, perdía por 2-0. «Ronaldo estaba tan desilusionado que sollozaba como un niño a quien le han quitado su juguete preferido. En la segunda parte entró en el campo como una furia y marcó dos goles llevando el equipo a ganar por 2-3. No, no le gustaba nada perder. Quería ganar siempre y lloraba cuando perdía», relata Rui Santos. Por eso, como cuenta su madre, llegaron a llamarle el «niño llorón». Se le caían las lágrimas y se enfadaba fácilmente porque un compañero no le pasaba la pelota, porque alguien o él mismo fallaba un gol, un toque, o porque el equipo no jugaba como él quería. El otro apodo que le pusieron fue *Abelhinha* porque como una abeja no paraba ni un minuto y se pasaba el partido revoloteando por el campo. Un nombre que Cristiano, años después en Madrid, puso a su perro, un *yorkshire*.

«Un futbolista como Ronaldo no aparece todos los días. Y enseguida, cuando lo ves, te das cuenta que es distinto a todos los niños que has visto jugar», añade Rui Santos. El Andorinha era uno de los equipos más débiles del campeonato y Ronaldo lo sabía. El jugador sabía que cuando se enfrentaran a Marítimo, Cámara de Lobos o Machico la derrota estaba asegurada y por una buena diferencia de goles. Tan grande era la obsesión de Ronaldo por ganar siempre que cuando se tenía que enfrentar a estos equipos no quería jugar porque no quería verse derrotado. El padre tenía que animarlo a jugar y le convencía con el mejor argumento para su carácter: «Solo los débiles se dan por vencidos». Una lección que el pequeño Ronaldo nunca olvidará.

En muy poco tiempo su nombre empieza a ser conocido. Nacional de Madeira y Marítimo de Funchal, los dos grandes clubes de la isla, empiezan a interesarse por *Abelhinha*. Podía haber fichado por cualquiera de los dos, pero en ese momento Fernao Sousa, el padrino, es el responsable de los juveniles de Nacional. «Sabía que jugaba al fútbol, claro, era mi ahijado, pero no sabía que era tan bueno. Era muchísimo mejor que el resto. Trataba el balón de una manera fantástica. Enseguida supe que el niño podía ser la salvación para su familia». Y Sousa no duda un instante. Decide que hay que llevarlo al Nacional. «Hablé con la madre, le dije que era lo mejor para él y llegamos a un acuerdo con el Andorinha.»

No fue tan sencillo como afirma Sousa. Porque Dinis prefiere que su hijo se vaya al Marítimo. La familia vive cerca del campo Almirante Reis (el feudo histórico del Marítimo) y el chico tiene el alma verde y *vermelha*, su corazón late por el Marítimo. Pero no hay acuerdo entre las partes, de modo que Rui Santos, presidente del Andorinha, se ve obligado a convocar a los dos clubes pretendientes para escuchar ofertas. El responsable de la categoría juvenil del Marítimo no se presenta a la cita y Cristiano se va al Nacional de Madeira por el módico precio de 20 balones y dos equipaciones completas para el infantil del Andorinha. En ese momento, no fue un gran traspaso, pero con el tiempo el Andorinha lo ha rentabilizado en fama y leyenda: fue el primer equipo donde *abelhinha* empezó a dar sus primeros picotazos. Ahora el viejo campo de tierra ha sido sustituido por uno de hierba artificial con iluminación.

Cuando llega al Nacional, Cristiano tiene solo 10 años y su madre se preocupa. María Dolores le decía a su marido: «Va a jugar con chicos mayores que le pueden hacer daño, romperle una pierna». Y Dinis la tranquilizaba: «No te preocupes que no lo pillan, es demasiado rápido». Que el niño fuese flaquito y algo desnutrido salta a la vista tanto que los entrenadores del Nacional le sugieren a sus padres que debe comer un poco más. De su valía, no tienen ninguna duda: «Vimos inmediatamente que tenía grandes cualidades», dice Antonio Mendoça, su entrenador en las dos temporadas que estuvo con la camiseta blanca y negra. «Sus características estaban ya muy marcadas: rapidez en la ejecución, velocidad, regate y tiro. El fútbol de la calle le había enseñado la técnica para evitar los golpes, para sortear a los adversarios, para afrontar a chicos mayores que él. Y también le había fortalecido el carácter. Tenía un gran coraje.»

El trabajo de Mendoça y de los otros técnicos del club es hacerle comprender que el fútbol es un deporte colectivo. ¿Por qué? Porque Ronaldo ya era capaz de coger la pelota en su campo y lanzarse a la portería contraria sin pasar el balón a nadie. Ignoraba a los compañeros y los adversarios le importaban poco. No aceptaba la derrota y siempre los quería ganar a todos. Y también lloraba y se enfurecía con sus compañeros cuando algo no iba bien. «Ellos lo aguantaban porque marcaba muchos goles. Ganamos casi todos los partidos y por una gran diferencia», añade Mendoça. Pero su individualismo y su orgullo no gustan nada. Se siente superior a los otros y es difícil darle consejos. Tiene que ser en privado, nunca delante de la plantilla. En la temporada 1995-96, Cristiano gana con el Nacional su primer título regional en la categoría de 10-12 años. El Oporto y el Boavista, dos grandes clubes de *el Rectángulo*, como los isleños llaman a Portugal, empiezan a interesarse por el chaval.

Fernao Sousa comprende que es la hora para que su ahijado vaya pensando en dar el primer gran salto y habla con la segunda de las personas que cambian el destino del niño: João Marques de Freitas, asistente del procurador general de Madeira y presidente de la peña del Sporting de Lisboa en Funchal. Fue Marques de Freitas el encargado de contarle al club de sus amores las maravillas de aquel chico orgulloso y espigado nacido en una ladera de la Quinta do Falcão. El Sporting se adelantó al Oporto y al Boavista y envió a alguien a ver a Cristiano y a hablar con su familia. Poco después, Ronaldo deja atrás su infancia, su familia, sus amigos y su isla. *La abelhinha* vuela al continente.

Lejos de la isla

El momento más duro

$\mathcal{N}$unca había subido a un avión. Nunca había dejado su isla. Nunca se había enfrentado a un reto tan complicado. Está nervioso y la noche anterior al viaje no duerme bien. A Lisboa le acompaña Fernao Sousa, su padrino. Son las vacaciones de Semana Santa de 1997 y Cristiano, con 12 años recién cumplidos, está citado para pasar una prueba con el Sporting de Lisboa. A él le hubiera gustado ir al Benfica, el club preferido de su padre y de su hermano, pero mamá María Dolores es esportinguista desde siempre y sueña con que su hijo pueda ser un gran futbolista como su ídolo Luis Figo. Y además no se puede decir que no a uno de los dos grandes clubes de la capital, que cuenta con la mejor cantera de Portugal, la Academia. De ahí han salido Futre, Figo, Simão y saldrán João Pinto, Quaresma, Hugo Viana y Nani.

El chico está convencido de que puede superar la prueba. Sabe que es un buen jugador y sabrá convencer a los técnicos verdiblancos. Pero la emoción y el nerviosismo que siente es muy grande cuando llega al campo de entrenamiento de las categorías inferiores del Sporting. Paulo Cardoso y Osvaldo Silva son los dos entrenadores que examinan al jugador. De entrada, ven a un niño flaco, débil, pero cuando empieza el partidillo las cosas cambian. Le llega el balón y el niño de la Quinta do Falcão se va de uno, dos y tres adversarios. Poco después se repite la escena: otros regates, otra carrera en solitario con la pelota en los pies.

«Miré a Osvaldo y le dije: "Es alguien diferente, este sí es un jugador fantástico". Y no era solo nuestra impresión. Todos los chicos al final del entrenamiento se reunieron alrededor de él. Sabían que era el mejor», dice Cardoso. La prueba ha convencido a los técnicos del Sporting, tanto que deciden verlo de nuevo al día siguiente, esta vez acompañados de Aurelio Pereira, el director de la cantera. Pereira lo tuvo claro desde el primer momento: «No solo me impresionó su talento. Se veía ya que el chico era muy bueno, que el balón era una extensión de su cuerpo, que jugaba bien con las dos piernas, que era muy rápido y que iba bien de cabeza. Pero sobre todo impresionaba la determinación que tenía, su personalidad y su coraje en el campo. Desde el punto de vista psicológico, parecía indestructible. No tenía miedo de nada, ni siquiera de los jugadores mayores que él. Tenía una capacidad de liderazgo que solo tienen los grandes. Tanto que sus compañeros, de regreso a los vestuarios, lo buscaban para ser sus amigos. En una palabra lo tenía todo, solo podía mejorar».

El 17 de abril de 1997, Cardoso y Silva escriben en la ficha de *identificação* de Ronaldo: «Jugador con un talento fuera de serie y técnicamente muy desarrollado. Hay que destacar su capacidad de regate en movimiento o parado». Los técnicos catalogan al futbolista como medio centro y media punta de lanza. Así definen su posición. Cristiano Ronaldo dos Santos Aveiro ha pasado la prueba. Puede ser jugador del Sporting. Pero antes hay buscar un acuerdo con el Nacional de Madeira. Y no va a ser por 20 balones y unas camisetas.

Ronaldo, después de una semana en Lisboa, regresa a su isla y a su vida. Les toca a los directivos resolver su fichaje. El Nacional, en ese momento, tiene una deuda con el Sporting de 4.500.000 escudos (unos 22.500 euros) por el pago aplazado de Franco, un joven futbolista que fue traspasado del Sporting al Nacional. Parece que el fichaje de Cristiano se pueda resolver saldando la cuenta pendiente, pero 22.500 euros para un chaval de 12 años es una cifra desorbitada en aquella época. «El Sporting nunca había pagado nada parecido por un infantil», dice Simoes de Almeida, exadministrador del club.

Alvaro Pereira y los otros técnicos tienen que convencer a la administración de que merece la pena gastarse tanto dinero en un crío. Así que Pereira prepara, el 28 de junio de 1997, un nuevo informe donde al final, de su puño y letra, añade lo siguiente: «A pesar de que parezca exagerado lo que se paga por un muchacho de apenas 12 años, tiene un gran talento, mostró sus grandes cualidades en las pruebas que pasó ante nuestros entrenadores. Será una buena inversión para el futuro». Cuatro líneas que logran convencer al director financiero del club. El fichaje se hace.

La última semana de agosto, Cristiano Ronaldo sale de Madeira para incorporarse a la cantera del Sporting. Un momento muy duro para el chico. El jugador no ha olvidado aquel día triste en que se despidió de su familia. «Mis hermanas y mi madre lloraban. Yo también. Cuando ya estaba dentro del avión y comenzó a despegar, comencé a llorar solo al recordar a mi familia llorando por mí.»

Ronaldo se va a vivir a la residencia que el Sporting ha construido especialmente para los chicos que vienen de otras partes del país. La residencia está ubicada en el interior del estadio José Alvalade, justo al lado de los tres campos de entrenamiento. Siete habitaciones y una sala para ver la televisión. Ronaldo es el más pequeño. Compartirá habitación con Fabio Ferreira, José Semedo y Miguel Paixão. Convive con jóvenes que vienen de Mozambique, antigua colonia portuguesa, del Algarve y de Vila Real. Su día está estrictamente organizado: hasta las 5 de la tarde en la escuela y después entrenamiento.

El primer día de escuela es traumático para el niño de la Quinta do Falcão. Llega tarde a clase, la maestra ya está pasando lista. Es el número 5, se levanta, dice su nombre y escucha a los compañeros que se ríen y se burlan de él desde el fondo. Su portugués con acento madeirense les divierte. Es muy diferente del portugués que se habla en la capital, casi otra lengua. Suena extraño. Suena pobre. Suena a isleño. No se le entiende bien cuando habla. Cristiano pierde los nervios, explota y amenaza con una silla a la profesora.

Y se transforma en el hazmerreír de la clase. Se siente un payaso. Pocos días después insulta a un entrenador que le ha pedido que limpiara el vestuario. Con orgullo responde: «Yo soy un jugador del Sporting y no tengo que recoger nada del suelo». No le sirve de nada. El castigo es ejemplar, lo dejan varios partidos sin jugar. Y él llora, llora mucho. Casi todos los días. Tiene *saudade* de su familia, de su isla, de sus amigos.

«Fue muy duro. El momento más difícil, más complicado

de mi vida deportiva», recuerda Cristiano. Le parece imposible adaptarse a las personas, a la vida en la residencia, a las reglas, al estrés de la gran ciudad. Todo es diferente, todo es complicado. Para él, Lisboa es otro mundo. Dos o tres veces por semana llama a casa. Compra una tarjeta de 50 unidades y se va a la cabina telefónica. En cuanto oye la voz de su madre se entristece, llora, les echa de menos. Muchas veces María Dolores tiene que animarlo, decirle que no haga caso de las burlas de los compañeros, muchas veces tiene que consolarlo, tiene que convencerlo de que su vida y su futuro están ahí en Lisboa, en la cantera del Sporting. Tiene que viajar a la capital para darle fuerza porque Cristiano dice que no aguanta más, quiere dejarlo todo, quiere abandonar su sueño y regresar a la isla con su familia.

«Su madre fue determinante para que hoy Cristiano sea lo que es», según Aurelio Pereira. «En muchas ocasiones se puso de nuestra parte y no del lado de su hijo, nos ayudó y ayudó a Cristiano.» También su padrino tiene que intervenir para que no deje la Academia, sobre todo cuando el chaval regresa a casa y no quiere volver a Lisboa. El primer año es un auténtico infierno. Pero poco a poco empieza a adaptarse: «En los momentos difíciles se aprenden cosas sobre uno mismo y hay ya que ser fuerte y saber lo que uno quiere», explicará años después Ronaldo.

«Tenía un sueño en la vida: deseaba ser alguien, deseaba ser futbolista profesional y lo deseaba con todas sus fuerzas», comenta Paulo Cardoso. Leonel Pontes, de Madeira, es su tutor en aquellos años. Lo acompaña a los entrenamientos y a la escuela. Recuerda Pontes que «Ronaldo era decidido en todo lo que hacía. Quería ser el mejor en todo: ping-pong, tenis, billar, futbolín, dardos, atletismo, en el uno contra uno o en la velocidad. Su equipo siempre tenía que ganar. Y él tenía que ganar en cualquier deporte que practicara. Pienso que una de las cosas que lo han llevado a donde está, es la forma en la que trabajaba. Siempre quería más y más».

A la una de la mañana lo encuentran en el gimnasio haciendo pesas sin autorización. En la habitación hace abdominales y flexiones, se entrena con pesas en los tobillos para fortalecerse y mejorar su regate. Cuando sus compañeros se van a la ducha después del entrenamiento, él se queda en el campo ensayando libres directos contra una barrera de picas. Come dos platos de sopa en cada comida porque le han dicho que juega bien pero que es demasiado delgado. El domingo es recogepelotas del Sporting en los partidos de casa porque así puede estar al lado de las grandes figuras del club, sentir la emoción del césped y ganarse cinco eurillos. Al final del partido lo junta con lo de sus compañeros y se van a la pizzería, compran una y les regalan otras dos para llevárselas a casa.

Su primer salario en el Sporting es de 10.000 escudos al mes, unos 50 euros. Le sirven para los libros, los cuadernos, la mochila, la ropa y los gastos cotidianos. Pero un día mamá María Dolores recibe una llamada del club para informarle que Ronaldo no ha aparecido por el comedor y se ha gastado todo su dinero en chocolate. Una historia que hace reír porque todavía es un crío, pero tiene que crecer rápidamente, tiene que ser adulto muy pronto, se lo impone una residencia donde tiene que ser autónomo en todo y por todo, hasta responsable de una tarea que normalmente no hacen los niños: llevar a lavar la ropa y plancharla. «Echo de menos no haber disfrutado de la infancia», comenta Ronaldo en una entrevista antes del Mundial de Sudáfrica.

La salida de casa tan pronto, su paso por la Academia del Sporting y también los problemas de su familia le hacen madurar pronto. A los 14 años, Cristiano sabe que su padre es un alcohólico crónico y que su hermano Hugo es adicto a las drogas. Algo que le asusta y le entristece, pero por lo que no se deja hundir. El hermano mayor acudirá a una clínica de Lisboa y después de varias recaídas saldrá del túnel. Sin embargo, su padre, no.

En la residencia por suerte las cosas empiezan a mejorar. «Gracias a su extraordinario talento, y a su trabajo incansable se va adaptando a la nueva vida y se transforma en la referencia del equipo. Los otros jugadores le pasaban el balón porque sabían que era el mejor», señala Pontes. Cristiano se va convirtiendo en líder en el campo y también fuera del campo. Narra Pontes, en el documental *Planeta Ronaldo* emitido por la cadena portuguesa SIC, que Cristiano y otros tres compañeros de equipo fueron atracados en una calle de Lisboa por una banda de ladrones. Ronaldo, el más joven de los tres, fue el único que no salió corriendo y luchó para defender el poco dinero que llevaba en la cartera. Los ladrones se fueron sin robar nada.

La Academia del Sporting controla a sus jóvenes promesas no solo en los campos de entrenamiento. Les pone un tutor para que los vigile y ayude en la escuela exterior, el Externato Novo Crisfal, donde el jugador acude a recibir clases. Ronaldo ama el fútbol pero ir a clase es otra cosa. Le gusta todo lo que sea ciencias, pero odia el inglés. Cumple con sus obligaciones, es un buen alumno, pero el fútbol, los amigos y las concentraciones con la selección lo distraen del estudio. Con el tiempo tuvo que elegir entre el balón y los libros. Habló con su madre, la convenció y pudo dejar las clases cuando la estricta Academia del Sporting se lo permitió.

El club ayuda a los jóvenes a superar problemas de adaptación con los consejos de un psicólogo e impone a todos una disciplina férrea. Un ejemplo de ello es el episodio que Ronaldo no ha olvidado cuando jugaba con los juniors. Fase final del campeonato: el Sporting tiene que enfrentarse al Marítimo, el equipo de Funchal donde Cristiano ha crecido. Regresar a su isla, a su barrio, al estadio donde jugó los primeros partidos, ver a toda su familia y a sus amigos en las gradas, le hace muchísima ilusión. Pero Cristiano se ha portado mal en la escuela y los directivos deciden castigarle con lo que más le duele. No lo convocan para el partido de Madeira. «Vi la lista y no estaba. La miré cuatro veces y nada. Empecé a llorar y me fui enfadadísimo al centro de entrenamiento para pedir explicaciones. Fue duro pero reconozco que fue una lección importante.»

La Academia da directrices muy claras a sus jugadores y controla, paso a paso, el crecimiento físico con un equipo médico. Sobre Cristiano, por ejemplo, hacen un estudio sobre su densidad ósea, para ver cuál sería su altura de mayor. Todo bien en este sentido, el chico superará los 1,85 centímetros. Pero a los 15 años le detectan un problema serio. «Desde el club nos avisaron que su corazón latía demasiado deprisa en situación de reposo», reveló su madre al diario *The Sun*. «Tuve que firmar un montón de papeles para que le ingresaran en un hospital y hacerle pruebas. Finalmente decidieron operarle. Usaron un láser para reparar la zona dañada y, tras unos días, Cristiano ya estaba en casa. Antes de saber exactamente lo que le ocurría pasé mucho miedo por si tenía que dejar de jugar al fútbol.»

Se trataba de una lesión congénita que le hacía subir las pulsaciones más de lo normal, pero no planteaba ningún problema para su carrera al máximo nivel. «A los pocos días de la intervención ya estaba entrenando con sus compañeros e incluso corría más deprisa que antes», recuerda María Dolores. Ronaldo corre deprisa y escala categorías con la misma rapidez. A los 16 años es indudablemente el jugador de referencia de la Academia sportinguista. Es el único jugador en la historia del club que en la misma temporada jugará en las categorías Sub 16, Sub 17, Sub 18, equipo B y en el primer equipo. En agosto de 2001, firma su primer contrato como profesional. Cuatro años, 2.000 euros al mes y una cláusula de rescisión de 20 millones de euros. Deja la residencia y pasa a vivir en un hostal cerca de la plaza Marquês de Pombal, en el corazón de Lisboa, hasta que elige un piso de alquiler donde puede venir a visitarlo más a menudo su familia. El chico crece, se independiza y cambia de representante. Deja a Luis Vega, el mánager de Figo, y pone su carrera en manos de Jorge Mendes.

Al primer equipo del Sporting llega, en agosto de 2001, un nuevo entrenador: Lázló Bölöni, rumano de origen húngaro, gran centrocampista del Steaua de Bucarest, equipo con el que le ganó la Copa de Europa en 1986 al Barcelona. Antes había entrenado durante ocho temporadas al Nancy francés y, después de una breve experiencia como seleccionador rumano, acepta la propuesta del Sporting. En su primer año gana la Liga y la Copa de Portugal y se fija en los jóvenes como Cristiano, Ricardo Quaresma y Hugo Viana. A Cristiano quiere ya subirle al primer equipo, y de hecho en algunas ocasiones se entrena con los mayores. Los informes médicos no aconsejan, por el momento, el salto a la máxima división del chico de Madeira, que todavía está creciendo. Pero falta poco para que llegue el día de su debut.

17 años, 8 meses y 2 días

El goleador más joven del Sporting

*U*n autobús verde y blanco viaja a la Academia del Sporting de Lisboa en Alcochete. Es el 1 de julio de 2002, el primer día de Cristiano Ronaldo como jugador del primer equipo. Lázló Bölöni, el técnico rumano, lo ha convocado junto a otros tres jugadores del equipo B (Custodio, Carlos Martins, Paíto) para la pretemporada. «Espero hacerlo bien y si es posible continuar trabajando con la primera plantilla. Voy a intentar dar lo mejor para responder a las expectativas que el entrenador ha puesto en mí», declara un humilde Ronaldo. Y añade: «Jugar al lado de João Pinto y Jardel es un sueño. Ellos son ejemplos a seguir para cualquier futbolista».

Cinco días después llega el primer partidillo contra el Samoquense, un equipo de Primera División del distrito de Setúbal (9-0 el resultado), sigue otro contra el Rio Maior que acaba con un 5-0 a favor de los jóvenes leones. Ronaldo brilla, marca y Bölöni le toma las medidas. El chaval está acostumbrado a jugar en el frente de ataque. El míster lo coloca en la banda izquierda: para aprovechar su velocidad y porque físicamente todavía no está preparado para enfrentarse a los centrales adversarios. El chico de Madeira no defrauda. Es rápido, tiene un buen control del balón y pone en serias dificultades a sus marcadores. Es un experimento que el técnico rumano repite el 14 de julio en el estadio José Alvalade, en la presentación del equipo a los socios y a la afición del Sporting en la temporada 2002-03. Se enfrentan al Olympique de Lyon, campeón de Francia. Un encuentro que termina con un empate (1-1) y permite al público descubrir la nueva joya de la cantera.

«Atención a este chico: sabe desmarcarse, tiene *dribbling* y olfato para el gol», escriben de él en el diario deportivo *Record*. Es verdad: Cristiano en su primera aparición en el campo donde, poco tiempo atrás, era un simple recogepelotas, corre más que nadie, regatea y marca un gol que el árbitro anula por equivocación. Menos de una semana después el Sporting se encuentra con otro equipo francés. Esta vez es el Paris Saint Germain. Resultado 2-2 y una gran actuación de Cristiano Ronaldo. Después del partido, cuando todos esperan verle agradecido, emocionado y esperan que diga que ha sido la noche más feliz de su vida, el chico de Madeira suelta su lado más orgulloso: «Los socios todavía no han visto nada del verdadero Ronaldo, esto es solo el comienzo», afirma con 17 años.

Irreverente, atrevido y muy seguro de su capacidad es lo mínimo que se puede decir. Ha jugado un buen partido en la banda izquierda y ha ido al remate en tres ocasiones, pero ha dejado detalles para que en Lisboa se hable de la nueva estrella de los *Leones*. El entrenador echa agua sobre el fuego de la pasión y repite una y otra vez que «Ronaldo es un joven con grandes cualidades pero todavía no es un gran jugador». Cuenta con él, pero apenas le concede unos minutos en cada uno de los partidos de la pretemporada. Contra el Benfica, el Pontevedra… y poco a poco el chico va entrando en la dinámica del juego.

El 3 de agosto en Maia, Portugal, el Sporting se enfrenta a otro equipo verdiblanco, el Real Betis Balompié. En el minuto 77, Lázló Bölöni realiza cuatro cambios: a Barbosa por Danny, a Quaresma por Luis Filipe, a Niculae por Diogo y a Rui Bento por Ronaldo Cristiano con el número 28 (según se puede leer en la ficha del partido). Cuando entra en el terreno de juego el resultado es de 2-1 para el conjunto lisboeta (1-0 de Quaresma, minuto 27; 1-1, minuto 30, Alfonso; 2-1, minuto 53, Barbosa). En el minuto 84 Alfonso logra para el Betis su segundo gol de la noche y empata el partido. Un gol que parece definitivo, pero en la prolongación (minuto 91) llegó la hora de un chico de 17 años.

Despiste defensivo de un confiado Juanito. Amortigua con el pecho una falta que un compañero ha sacado hacia atrás. El control no es bueno, el balón se le escapa, Cristiano Ronaldo viene como una moto. Roba la pelota, con el tacón se la coloca delante y se va por la banda izquierda. Se planta ante Toni Prats, el portero bético, lo regatea y desde el borde izquierdo del área, una posición imposible, muy esquinada, mira la portería vacía y coloca un globo al segundo palo, en la escuadra, al que ni siquiera llega Rivas, que intenta despejar el balón con la cabeza, pero no puede. Un magnífico gol que une potencia, habilidad, técnica, manejo e instinto en el área.

El chico lo festeja a lo grande. Corre por el campo repartiendo besos por las gradas. Es su primer gol con la camiseta del Sporting y vale una victoria. Un tanto que la prensa lusa define como «una obra de arte», un gol que al chaval le quita el miedo y le da confianza en sí mismo. Antes de ese gol, se mostraba nervioso con el primer equipo, tenía la sensación de no estar a la altura, de ser solo un chico entre grandes futbolistas. En ese momento algo empezó a cambiar, aunque todavía muy pocos saben quién es. Tanto que en los rótulos de la televisión escriben Custodio. Y los cronistas españoles no paran de hablar del golazo de Custodio, su compañero de Academia que había entrado en el campo minutos antes.

«Dedico el gol a mi familia y en particular a mi madre María Dolores que está conmigo en Lisboa», declara al diario *Correio da Manhã* un Cristiano Ronaldo «muy feliz». Da las gracias al entrenador porque «ha apostado por los jóvenes y me ha ayudado a integrarme en el primer equipo». Y no se olvida de su afición: «Voy a trabajar para justificar su confianza y para agradecerle la forma en que me tratan. Voy a dar lo mejor de mí».

Once días después, el 14 de agosto, Cristiano debuta en un partido oficial en el Alvalade. No es un partido cualquiera. Es la ronda previa de la Champions League contra el Inter de Milán de Héctor Cúper. Entra sustituyendo al español Toñito, en el minuto 58. Zanetti y Materazzi le miran de arriba abajo. Dos veteranos que tienen tantos años de carrera como Ronaldo de edad. Y no se lo ponen fácil. Cristiano no deslumbra, pero tiene una buena actuación. A pesar del 0-0 final, el chico deja buen sabor de boca. Sus jugadas hacen vibrar a las gradas aunque al final son solo fogonazos aislados. En todo caso nada mal para un debutante. La única crítica que a él y a Kutuzov, el otro atacante del Sporting, les hace la prensa lusa es la de exagerar con los regates y los duelos individuales. En una palabra, no comprende cuando es necesario pasar la pelota. Un defecto de juventud que tardará años en corregir.

En su segunda aparición en un partido oficial, esta vez en la Superliga portuguesa, es cuando Cristiano Ronaldo consigue deslumbrar. Fue el 7 de octubre 2002. El vigente campeón juega, en casa, contra el Moreirense, que ha subido el año anterior de la Segunda División. No es un partido maravilloso. Pero Cristiano Ronaldo, por primera vez, es titular y se convierte con 17 años, 8 meses y 2 días en el goleador más joven de la historia del Sporting. Marca un gol «monumental, magistral, increíble, todos los adjetivos son inútiles para ilustrar un gran gol de este joven prodigio del Sporting», gritan los comentaristas de la cadena portuguesa SportTV. Minuto 34, pase de tacón de Toñito a Ronaldo en los tres cuartos de campo, dos regates para superar dos defensores, un eslalon de 60 metros, una bicicleta al borde del área para despistar a otro adversario y un toque suave para superar a João Ricardo, el guardameta del Moreirense, que intenta una salida desesperada. Cristiano se quita la camiseta, abraza a sus compañeros, se dirige a la grada. Bölöni en el banquillo se abraza con sus ayudantes. Es él quien le ha dado confianza, el que lo ha cambiado de posición. Una apuesta justa y ganadora.

Regresamos al partido porque todavía el *show* del número 28 no ha acabado. A pesar de la presencia de *Supermario* Jardel, el delantero brasileño, Bota de Oro europea el año anterior, que es titular después de cuatro meses de baja, Cristiano se convierte en el gran protagonista cuando marca el 3-0 definitivo con un cabezazo espectacular. La única nota negativa es el mareo que sufre María Dolores, su madre, en la grada del estadio. Tal vez por la emoción de ver el éxito de su hijo. Pero es solo un susto. El día después Ronaldo, con su *golo* monumental, conquista las primeras páginas de Portugal. Los periodistas se las ingenian para contar su historia desde las primeras patadas a la pelota en el *pelão* del barrio donde nació. Entrevistan a sus primeros entrenadores. Van a buscar a su padre. El pobre ha visto solo un resumen del partido, lo ha seguido por la radio porque tenía trabajo con el Andorinha. Dice que ahora todos en la isla comentan el éxito de su hijo y bromeando le piden que el Sporting se lo preste al Andorinha «a ver si ganamos algo». Dinis sostiene que Cristiano es una fuerza de la naturaleza que siempre, día y noche, desde pequeño, jugaba con *a bola*. Espera que tenga un buen futuro y siga creciendo como jugador y como persona. No quiere ser famoso por ser el padre del número 28 de los *Leones*, pero el próximo partido de su hijo no se lo pierde. Ya ha comprado el billete de avión para ir a verlo al estadio de Os Belenenses, el club del barrio lisboeta de Belém. Hacía seis años que Dinis no pisaba Lisboa.

No es solo la prensa lusa la que dibuja el perfil del nuevo fenómeno. Gracias a sus goles y a su nombre —no olvidemos que el otro Ronaldo, Nazario da Lima, en su enésima resurrección ha conquistado con Brasil, el 30 de junio 2002, el Mundial de Corea y Japón y ha sido con 8 dianas el máximo goleador del torneo—, Cristiano se hace un hueco también en toda Europa. Y en Italia *La Gazzetta dello Sport* en primera página ya habla del «nuevo Ronaldo». ¿Qué le parece la comparación al chico de Madeira? «Ni me atrevo a hacerla: Ronaldo es un *crack*, es el número 1 del mundo, es mi jugador preferido», afirma Cristiano. Ronaldo Nazario da Lima había fichado por el Real Madrid un poco antes, el último día de agosto de 2002.

La aparición de Cristiano en el primer equipo ha sido fulgurante. Se ha transformado en el niño mimado de la afición. Lazlo Bölöni tiene confianza en él, pero la competencia en la delantera de los leones es fuerte (Jardel, Quaresma, João Pinto, Toñito, Nicolae) y Ronaldo, al final de la temporada, ha disputado 25 partidos y solo 11 como titular. Suma tres goles en la Liga y dos en la Copa. No ha sido una buena campaña para el Sporting. Fuera de la previa de la Champions (el Inter gana en San Siro la vuelta por 2-0). Fuera también de la Copa de la UEFA (el Partizan de Belgrado gana en Portugal 1-3 y empata 3-3 a la vuelta). Eliminado en cuartos de la Copa de Portugal, el 1 de mayo, por el Naval. Y en la Liga no revalida el título. Termina tercero a 27 puntos del campeón, el Oporto de José Mourinho y a 16 del segundo, el Benfica.

Bölöni deja el banquillo. Una gran tristeza para el número 28. «Me gustó mucho trabajar con él. Ha sido Bölöni el que me subió al primer equipo. Y si no hubiera sido por él estaría todavía en el B», comenta Cristiano. El nuevo entrenador es el portugués Fernando Santos, que había ganado con el Oporto la Liga portuguesa antes de la llegada de Mourinho. Cristiano no lo conoce pero le han dicho que tiene un gran carácter, ama la disciplina y es un señor del mundo del fútbol. Santos por su parte, frente a los rumores de una posible salida de la nueva perla de la Academia, se apresura a declarar: «Ronaldo es un jugador muy importante para el Sporting». El chico de Madeira espera que sea así y explica que quiere seguir en el Sporting. «Quiero ayudar al club con todas mis fuerzas a conquistar los títulos que este año no hemos conseguido. Quiero ser campeón con el Sporting, el club donde estoy desde que tenía 12 años. Si me fuera sin ser campeón me quedaría con un gusto amargo. Pero esta es la vida. Veremos qué nos reserva el futuro...»

Festival de Toulon

Todos lo quieren fichar

1985: Jean Pierre Papin (Valenciennes) acaba como máximo goleador del torneo de Toulon y conquista el trofeo para Francia.

1991: Zinedine Zidane (en aquella época en el Cannes) deslumbra y llega hasta la final, donde los galos pierden contra los ingleses de Alan Shearer (Southampton), auténtico protagonista: siete goles en cuatro partidos.

1992: Rui Costa (Benfica) disputa un torneo excepcional: mejor jugador, máximo goleador.

1997: Thierry Henry (Mónaco) es máximo goleador, mejor jugador de la competición y conquista el título con Francia.

1998: Juan Román Riquelme (Boca Juniors) es el mejor jugador de la competición. Y los clubes europeos se lo disputan.

*E*l Festival International Espoirs de Toulon et du Var, el Torneo de las Esperanzas, existe desde 1967, cuando nació como una competición entre selecciones al margen de la UEFA y la FIFA. Desde 1974, reúne a una serie de equipos nacionales con jugadores menores de 20 años. Y a lo largo de los años ha descubierto a jóvenes talentos que con el tiempo se han confirmado como verdaderos *cracks* mundiales. La lista anterior así lo demuestra. La XXXI edición, que se disputa entre el 10 y el 21 de junio de 2003, no es una excepción a la regla. Cristiano Ronaldo es uno de los favoritos para ser reconocido mejor jugador del torneo, junto al italiano Pagano y al argentino Rivas. Sin embargo, fue Javier Mascherano (River Plate, Corinthians, West Ham United, Liverpool y Barcelona) el que se lleva el galardón, a pesar de que su selección solo pudo ser la tercera.

Cristiano tuvo que conformarse con el reconocimiento como finalista más joven. Solo tenía 18 años.

«Ganar el premio de mejor jugador no es lo más importante. Lo importante es que el equipo haya conseguido su objetivo, que era quedar campeones», dice Cristiano. Sí, Portugal por tercera vez, después de 1992 y 2001, se lleva el trofeo de Toulon ganando por 3-1, en la final, a Italia y ofreciendo buenos partidos. Muy bueno también el balance personal del número 28 del Sporting. «He hecho lo que pretendía hacer en este torneo. Pienso que en tres encuentros las cosas me salieron francamente bien. En los otros dos —confiesa Cristiano— estuve un poco cansado. Algo natural vista la sobrecarga a la que fuimos sometidos en tan poco tiempo.» En las distintas categorías de las selecciones nacionales, Ronaldo siempre ha jugado uno o dos años antes que sus compañeros. Cuando va a la Sub 15 tiene 14 años, tiene 16 en la Sub 17 y 18 en la Sub 20, en Toulon, donde impresiona desde el debut del torneo contra Inglaterra en Nîmes, el 11 de junio.

Rui Caçador, el seleccionador luso, había prometido una formación de ataque y mantiene su palabra: Danny y el gigante Hugo Almeida como delanteros, y Ronaldo y Lourenço en las bandas. Aunque los tres goles llegan en la segunda parte, la superioridad de los lusos es apabullante. Cristiano marca el definitivo 3-0 y deja un buen recuerdo entre el cuerpo técnico de la *seleção* y entre los numerosos ojeadores de los grandes equipos que, como siempre, acuden al Festival de Toulon en busca de buenos fichajes.

Juan Martínez Vilaseca, ojeador del Barcelona, es uno de ellos. Y después de haber visto en acción a Ronaldo opina: «Es un jugador muy, muy interesante. Tiene características únicas que hacen de él un joven muy prometedor. Un día, si tiene cabeza y sabe gestionar bien su carrera, va a jugar en uno de los grandes equipos de Europa. No tengo duda que, en un futuro próximo, será uno de los mejores futbolistas portugueses». Vilaseca no es el único que piensa así sobre el joven jugador que ya no es un desconocido para las potencias del fútbol. Desde hace tiempo los grandes clubes de Europa le siguen. Arsenal, Manchester United, Liverpool, Chelsea, Inter, Juventus, Parma, Atlético, Barça y Valencia se interesan por el chico de Madeira.

Arsène Wenger, el mánager del Arsenal, se adelantó a todos y unos meses antes, en enero de 2003, había invitado a Cristiano y a su madre a Londres para ir hablando del futuro. Wenger sabía que Cristiano admiraba a Henry, entonces en el Arsenal, y le prometió presentarle al delantero francés. Las conversaciones siguen después de la visita, pero la idea de Wenger es que el chico se quede un año más en Lisboa antes de dar el salto a la Premier League. La misma hipótesis que barajó el Inter, dispuesto a pagar el fichaje pero decidido a dejar al jugador en Lisboa durante un tiempo para que se fuera formando. Luis Suaréz, Balón de Oro de 1960, excentrocampista blaugrana, *nerazzurro* y ojeador del club milanés, había recibido una llamada de un amigo portugués que le avisaba del descubrimiento de un chaval muy bueno que despuntaba en la cantera del Sporting. Lo había visto en dos o tres ocasiones antes de que debutara con el primer equipo y se había convencido de que era necesario hablar con la familia y ficharlo cuanto antes. Según algunos comentarios indiscretos, el Valencia también lo tenía atado por 3 millones de euros. Y la prensa habla de que el Atlético de Madrid de Jesús Gil quiere adelantarse a todos en la carrera por fichar al futuro *crack*.

También Gerard Houllier, el mánager del Liverpool, ha escuchado los consejos de sus ojeadores, maravillados por las actuaciones de Cristiano, y se ha desplazado a Francia para comprobar en persona las cualidades del nuevo fenómeno. Cuando lo ve jugar no tiene dudas: lo quiere ya para llevárselo a Anfield Road. Y la prensa empieza a hablar de una oferta en firme del Liverpool (7,5 millones de euros más algún jugador) y de una operación que se puede concretar en pocos días. Aparece en escena Jorge Mendes, que se ha reunido con los representantes de los *reds* y el club lisboeta puede dar el visto bueno para la salida del número 28 en dirección a la ciudad de los Beatles. Cristiano, por su parte, dice que le gusta mucho el fútbol inglés aunque también asegura, que no es su fútbol preferido (desde siempre, su pasión es el juego que se practica en España). Finalmente Ronaldo deja la puerta abierta: «Liverpool es uno de los grandes del Reino Unido, un sueño para cualquier jugador».

¿Cómo se siente un jugador de 18 años que brilla en Toulon, que está en boca de todos los ojeadores y tiene una baraja de equipos interesados en él? Cristiano Ronaldo responde así a la pregunta de los periodistas: «No siento ninguna presión por todo eso. Solo alegría y felicidad al saber que grandes clubes y grandes personajes del fútbol están atentos a mi trabajo. Me da fuerza y moral para intentar mejorar cada día. En todo caso yo no he hablado con nadie, y nadie ha presentado una propuesta concreta al Sporting. Sé del interés por la prensa, pero ahora mi principal objetivo es ayudar al equipo a llegar a la final del torneo y a ganar. Tengo que dar el máximo».

Y así lo hace. Contra Argentina, que muchos consideran la favorita para la victoria final, Cristiano ofrece otro gran recital en la banda. Portugal gana por 3-0 al equipo de Mascherano. Los portugueses pierden contra la débil Japón, pero ganan a Turquía y llegan a la final, que ganan a Italia por 3-1.

Ronaldo no marca en la final, pero hace un buen partido y es considerado uno de los mejores jugadores del torneo, aunque es finalmente Mascherano el ganador del trofeo que consiguieron en su día Zidane y Riquelme, entre otros. Fiesta y gran acogida para los héroes de Toulon en Lisboa. Pero Cristiano Ronaldo no está. No ha viajado con el equipo. Se ha quedado en Francia con su madre y una de sus hermanas. Quiere pasar algunos días de vacaciones en la Costa Azul y después visitar París antes de iniciar la pretemporada del Sporting, antes de que su vida, el 6 de agosto, cambie de rumbo.

Number 7

Una camiseta de leyenda

*L*a noche anterior al partido está ya todo hecho. El Sporting, en una reunión en la Quinta de Marinha, ha llegado a un acuerdo con el Manchester United. Por 15 millones de euros (12,24 millones de libras) Cristiano Ronaldo será jugador de los *Red Devils*. Alex Ferguson, entrenador del United, Jorge Mendes, representante del jugador, y Simões Almeida, director financiero del club lisboeta, han atado todos los cabos. Queda solo la firma del jugador. Cristiano ya sabe con toda seguridad que su futuro irá ligado a la camiseta del United, aunque la noticia no se hace pública hasta el 12 de agosto. Durante toda una semana hay un baile de desmentidos de una parte y de otra. Nadie quiere aguar la fiesta sportinguista: el 6 de agosto de 2003 se inaugura el Alvalade XXI, el nuevo estadio de los *Leones*, diseñado por el arquitecto Tomás Taveira con vistas a la Eurocopa que acogerá Portugal en 2004. El adversario del partido inaugural es el Manchester United, que hace tiempo tiene firmado un acuerdo de cooperación con el club lisboeta. Gracias a ese acuerdo, la Academia del Sporting es casi una cantera para los *Red Devils*. El United tiene prioridad, respecto a otras grandes sociedades europeas, para elegir a jóvenes jugadores con los colores verde y blanco.

El espectáculo para la puesta de largo de la nueva instalación deportiva es apabullante, al igual que el partido y la exhibición de Cristiano Ronaldo. A las 20.45 horas se inicia la ceremonia, las cortinas esconden el escenario donde Dulce Pontes interpreta *O amor há-de vencer*, centenares de figurantes recrean en el terreno de juego el escudo del club, y finalmente los jugadores entran en el campo. El ambiente impresiona, las gradas están llenas. Con camiseta a rayas horizontales verdes y blancas, pantalón blanco y el número 28 en la espalda, Cristiano Ronaldo quiere demostrar a los del Manchester todas sus cualidades. Y lo hace tan bien que este último partido con el Sporting será el mejor que ha jugado nunca con los *Leones*. Sirve el primer gol a Luis Filipe en el minuto 25, después de haber disparado un par de veces con peligro a la meta de Fabien Barthez. Asombra con su velocidad, su *dribbling*, sus bicicletas, su cambio de ritmo, sus carreras, sus sombreros y su facilidad para eludir a los adversarios. Tanto que en el descanso *sir* Alex Ferguson piensa: «¡Dios! Es fantástico, vamos a contratar ya a este chico», y le dice a Peter Kenyon, exdirector ejecutivo del United: «No podemos irnos sin este chaval». Del tema se habla también en el vestuario, como recuerda el defensor Phil Neville: «Todos le dijimos al *boss* que había que ficharlo.»

Ferguson, el *boss*, calla. No tiene ninguna intención de anunciar a sus jugadores que el preacuerdo ya está hecho. Es un viejo zorro, quiere que el chico, desde el primer momento, sea aceptado en el vestuario. Así que nada mejor que hacer creer a sus jugadores que han sido ellos los que han elegido a aquel chaval del Sporting. Cuando en el vuelo de regreso a Londres, Rio Ferdinand, Paul Scholes y Roy Keane, los históricos del United, comentan las maravillas que han visto hacer a Cristiano, y le piden ficharlo, *sir* Alex Ferguson no puede hacer otra cosa que frotarse las manos. Porque al final del partido (3-1 para el Sporting) y, después de haber pedido la opinión de Jorge Mendes, Fergurson ha hablado directamente con Cristiano, lo ha cubierto de elogios y lo ha citado en Manchester apenas una semana después. Ronaldo está convencido de que irá a firmar el contrato, a pasar la revisión médica, a visitar Old Trafford y las instalaciones del club y después regresará a Lisboa, otro año, cedido al Sporting. Pero no será así. Una vez allí, después de rubricar el acuerdo que lo vincula por cinco temporadas al United —salario de dos millones de euros al año, más de 150.000 euros al mes frente a los 2.000 euros que ganaba en el Sporting—, Ferguson habla con Jorge Mendes. «Yo no entendía nada de inglés y no comprendí lo que decían. Mendes me explicó que Ferguson le dijo que quería que me quedara en el Manchester ya. Me quedé impresionado y muy nervioso.»

El chico no sabe qué hacer, no se ha traído ni ropa. Ningún problema. Se entrenará en Carrington y después regresará a buscar sus maletas. El 13 de agosto, en Old Trafford, tiene lugar la presentación junto a José Kleberson, brasileño, 24 años, que llega del Atlético Paranaense. Ronaldo aparece con una camisa blanca casi transparente, vaqueros descoloridos, mechas en el pelo. La primera impresión de muchos comentaristas no es positiva: por su aspecto, por su edad y sobre todo por el precio que ha pagado el United, Ronaldo es el *teenager* más caro en la historia del fútbol británico: 15 millones de euros parecen demasiados para un chico de 18 años con un historial de 25 partidos disputados en la Primera División portuguesa y tres goles anotados. Ferguson se arriesga. Está convencido de haber hecho un gran negocio a largo plazo, porque conoce la valía del jugador, pero necesita resultados inmediatos porque no ha podido fichar, como quería, a Ronaldinho (el brasileño se ha ido al Barcelona) tras la marcha de David Beckham al Real Madrid por 25 millones de euros. También ha vendido a Juan Sebastián Verón al Chelsea por 21 millones. La apuesta es complicada, pero Ferguson está seguro de que Cristiano Ronaldo podrá ofrecer al equipo más que Beckham y cree, como ha comentado a sus íntimos, que será una pieza clave de los *reds* durante muchos años. Una opinión que comparte Eusebio, Balón de Oro en 1965 y una leyenda del fútbol portugués: «Ronaldo no es solo un gran futbolista: puede ser un icono. Mejorará cualquier equipo de cualquier liga».

Ferguson y su equipo de ojeadores no han descubierto a Ronaldo en el partido del Alvalade. Cristiano Ronaldo, Jorge Mendes y la madre de Cristiano sabían mucho tiempo antes, cuando tomaban el sol en las playas del sur de Francia, tras el torneo de Toulon, que el Manchester era el equipo que más posibilidades tenía de hacerle salir de Portugal. El United sigue de cerca a Ronaldo desde que el jugador tenía 15 años. Fue Carlos Queiroz, segundo de Ferguson, el que alertó al Manchester sobre el potencial de Cristiano. «Carlos seguía de cerca las selecciones juveniles de Portugal y nos advirtió del valor del chico. Nos dijo que teníamos que ficharlo», cuenta *sir* Alex. Curiosamente, esa misma temporada en la que Ronaldo llega al Manchester la persona que le recomienda, Carlos Queiroz, abandona el club para sustituir a Vicente del Bosque en el banquillo del Real Madrid. Queiroz llega a Madrid junto a David Beckham y Cristiano Ronaldo, su recomendado, llega al Manchester para sustituir a Beckham. Paradojas del fútbol.

Las negociaciones entre el Manchester y el Sporting por Cristiano Ronaldo han empezado mucho antes. Pini Zahavi, empresario israelita y agente del United en octubre de 2002, después de haber asistido en Alvalade a la exhibición de Cristiano contra el Moreirense, se reúne con los dirigentes del Sporting para buscar un acuerdo sobre el futuro del joven número 28. Entre ese día y el fichaje definitivo de Cristiano, el Manchester y el Sporting se reúnen varias veces. Los directivos del Manchester saben que el Sporting ha recibido ofertas de otros clubes por Cristiano antes y después del torneo de Toulon, algunas superiores a los diez millones de euros, del Parma y de la Juventus. *Tuttosport*, periódico deportivo turinés, había titulado: «Juve: Ronaldo es tuyo». Y hay un interés también por parte de una infinidad de clubes desde el Barça al Milan, desde el Real Madrid al Chelsea. El Liverpool, que ha sido uno de los más activos en la caza al jugador, al final renuncia porque, como explicará años después Gerard Houllier a *The Daily Mail*, «en el club había una escala salarial y no estábamos pagando las cantidades que Ronaldo quería. Pensé que su fichaje iba a causar problemas en el vestuario».

El Manchester gana la partida contra toda la competencia. El Sporting de Lisboa, con una situación económica difícil, prefiere rentabilizar la nueva perla de la cantera, como ha hecho pocos meses antes con Ricardo Quaresma, traspasado al Barcelona por seis millones de euros. Los dirigentes de los *Leones* saben que al final de la temporada 2003-04 el jugador podría salir del club a coste cero y no quieren perder lo que han invertido en su formación. *Sir* Alex Ferguson en la presentación del nuevo fichaje puede decir: «Ronaldo es un futbolista de gran talento. Un atacante que puede jugar en cualquier posición: derecha, izquierda o centro. Es uno de los mejores jugadores jóvenes que he visto nunca». Nada mal para un *portuguese teenager*, como lo definen los periódicos ingleses. Cristiano se limita a responder con tópicos: «Estoy muy feliz de fichar por el mejor equipo del mundo y muy orgulloso de ser el primer jugador portugués que llega al Manchester United. Espero poder ayudar al equipo a lograr aún más éxitos en los próximos años». Después vinieron las fotos.

Ferguson, sonriente en el centro, con su corbata roja, camisa blanca y traje oscuro, abraza a Kleberson a su derecha y a Ronaldo a su izquierda. Los dos con la camiseta roja. Cristiano, que tiene el semblante más serio de los tres, viste la elástica con el número 7, la que han llevado los grandes jugadores del United: George Best, Steve Coppel, Bryan Robson, Eric Cantona y David Beckham. ¿Cómo es posible que un joven, un nuevo fichaje lleve un número tan importante para la historia de un club? Los hechos los contará tiempo después el mismo Ronaldo a *The Sun*. «Le pregunté al entrenador si estaba disponible el número 28 que tenía en el Sporting. Alex Ferguson me dijo: "No, no, el tuyo es el número 7". "¡Ok, boss!" Fue lo que le respondí. No me atrevía a decirle que no, que el mío era el 28.»

Sir Alex Ferguson, en la rueda de prensa, explicó así el motivo de la decisión: «Hemos dado esta camiseta a Ronaldo porque es un joven con talento que va a mejorar cada día que pase entre nosotros. En este club hubo varios grandes jugadores que vistieron esta camiseta y Ronaldo tiene una gran confianza en sus cualidades y va estar en este club mucho tiempo. El 7 será su número». Ronaldo respondió de esta forma: «La camiseta número 7 es un honor y una responsabilidad. Espero que me traiga mucha suerte». Y a la prensa lusa le dijo: «Todos en Manchester me hablan de Best y de Cantona. Es un orgullo seguir sus pasos. Pero hay algo que en Inglaterra desconocen. Para mí el 7 es especial porque es el número de Luis Figo. El que llevaba en el Sporting. De pequeño quería ser como él y vestir el 7 como mi gran amigo Quaresma, que ahora lo lleva en el Barcelona. Los dos podemos decir que los sueños se han hecho realidad».

Los sueños se han realizado, pero la prensa se pregunta si un joven de 18 años no tendrá miedo de vestir una camiseta que es una leyenda, de jugar en el United y en una Liga tan competitiva, con tanta presión. Ronaldo responde con el orgullo del ganador: «No, no tengo miedo. Cero miedo. Sé que será muy difícil pero aquí, al lado de los mejores del mundo y jugando con ellos, aprenderé». Con el paso de los años repetirá lo mismo añadiendo que después de lo que había vivido en sus primeros tiempos en Lisboa no tenía miedo de nada.

Tres días después de su presentación, Ronaldo debuta en Old Trafford. Es la primera jornada del campeonato y el United recibe al Bolton. Cristiano está en el banquillo, pero en el minuto 60 Ferguson, que necesita un revulsivo en el partido anclado en el 1-0, manda saltar al campo a Ronaldo. Sustituye a Nicky Butt. Todo el público se levanta a aplaudir al nuevo fichaje, «uno de los jóvenes más caros de la liga» como dicen los comentaristas ingleses. Es un debut que no defrauda a nadie. Su carrera, su *dribbling*, convencen a los 67.647 espectadores. En 30 minutos el nuevo número 7 muestra a todos su potencial en la banda. Da dos pases de gol y provoca un penalti que Van Nistelroy no transforma. Es elegido *man of the match* y puede descorchar su primera botella de champán, el premio que en la Premier corresponde al mejor jugador del encuentro. El primero en felicitarle es Roy Keane, le siguen los otros compañeros y la ovación final del *Teatro de los Sueños*.

«Parece que los aficionados tienen un nuevo héroe. Ha sido un debut maravilloso, casi increíble», comenta Ferguson al final del partido que el United gana 4-0. Un debut increíble pero no hay que precipitar los acontecimientos. No hay que correr, no se puede cargar de responsabilidad al joven. Ferguson, hombre de muchísima experiencia, lo sabe muy bien. «Tenemos que cuidar al niño. No hay que olvidar que tiene solo 18 años. Así que vamos a medir cuando utilizarlo.» Y así lo hace. Lo cuida como ha hecho antes con Beckham, Giggs o Scholes. Minutos de juego, minutos de descanso, partidos sin jugar. El niño de Madeira debe adaptarse a la nueva vida, al fútbol inglés, a su estilo, a sus reglas, al juego del Manchester, a los compañeros y también al clima, a la comida, al idioma y a la prensa inglesa que le sigue la pista de cerca y lo critica. Por su forma de ser, por su forma de vestir, por sus novias, por su pasado, por su familia y por lo que hace en el terreno de juego. Una de las primeras acusaciones estrictamente deportivas es el *diving* (*piscinazo*), un delito en la Liga inglesa.

En este primer año también llama mucho la atención al público y a la prensa inglesa sus continuadas quejas al árbitro, las muecas de dolor cuando no vienen a cuento. El problema para Cristiano es adaptarse a las costumbres y al fútbol inglés, más físico, en el que se permite a los defensores un juego más rudo que en Portugal. Sus bicicletas y desplantes con balón y sin balón también ponen nerviosos a los adversarios. El 1 de octubre, el número 7 debuta en Champions League contra el Stuttgart. Es titular y en el minuto 67 consigue que le hagan un penalti que, esta vez sí, transforma Van Nistelrooy. El Manchester gana el partido por 1-2. Justo un mes después, el 1 de noviembre, contra el Portsmouth, en Old Trafford, marca su primer gol con la camiseta número 7. Una falta tirada desde el límite izquierdo del área adversaria. Un golpeo potente, el balón pasa delante de defensas y atacantes rebota en el suelo y entra en la red. Un disparo que, según los comentaristas, recuerda los del mejor David Beckham, el jugador al que ha sustituido y que ese mismo año sufre para marcar tiros libres con el Real Madrid. Empieza bien el chico de Madeira, pero al final de temporada solo va a conseguir cuatro goles en 25 encuentros disputados en la Premier.

El 25 de febrero de 2004, Cristiano vuelve a Portugal para enfrentarse al Oporto de José Mourinho. Pocos dan al equipo portugués como favorito en estos octavos de final de la Champions League. Ferguson está convencido de que su equipo puede llevarse la victoria en el Estadio do Dragão. Pero no es así: 2-1 para Mou. ¿Cristiano? Juega solo 14 minutos y no puede hacer nada. Al final del partido *sir* Alex culpa a Vítor Baía, el guardameta portugués, de la expulsión de Roy Keane. Y Mourinho empieza aquí su larga y entretenida confrontación con el mánager del United. Declara: «Tiene que estar triste al ver que su equipo ha sido tan claramente dominado por un conjunto que se ha construido con el 10 por ciento del presupuesto del United».

Queda la vuelta en Old Trafford, donde los *reds devils* piensan arreglar cuentas. Paul Scholes con un cabezazo en el minuto 31 marca el 1-0. Al mismo jugador le anulan un gol por fuera de juego. En el minuto 74, la eliminatoria está a favor del Manchester, pero Ferguson quiere más y da entrada a Ronaldo, que sustituye a Darren Fletcher. Su partido dura solo 8 minutos: una lesión en el tobillo le obliga a pedir el cambio. Y desde el banquillo ve como Francisco Costinha, en el último minuto, iguala el resultado llevando al Oporto a cuartos de final. José Mourinho festeja en Old Trafford el paso hacia la conquista de su primera Champions y Ronaldo sufre su primera gran decepción como jugador del United.

El 15 de mayo, el Manchester United juega el último partido de la Premier en el Villa Park contra el Aston Villa. Ronaldo marca su cuarto gol en la Liga y en el minuto 80 ve su primera tarjeta roja en Inglaterra. Había sido amonestado por simulación y en el minuto 80, por rabia, pega una patada innecesaria al balón. Una mala forma de acabar el campeonato. El Manchester United termina la campaña tercero con 79 puntos, a 4 puntos del Chelsea, segundo y a 15 del Arsenal, que se lleva el título. Por suerte les queda por jugar la final de la Copa de Inglaterra, una buena ocasión para ganar un título ya que el resto, Carling Cup incluida, se han desvanecido. Se juega en Cardiff, en el Millenium Stadium, y es la primera final de Ronaldo en Inglaterra. Marca el primer gol en el minuto 44, rematando de cabeza un centro de Neville y lidera el ataque del United, que gana por 3-0.

No es el hombre del partido. Será elegido Ruud van Nistelrooy, que ha conseguido dos goles, pero todos hablan de él. Gary Neville declara: «Ryan Giggs y Ruud van Nistelrooy han hecho algunas excelentes jugadas, pero Cristiano ha sido el protagonista del partido. Pienso que Ronaldo puede ser uno de los grandes futbolistas del mundo». *Sir* Alex Ferguson remata el argumento: «Ronaldo ha sido excepcional». Y añade: «Tenemos que cuidarlo de la mejor manera posible porque va a ser un futbolista de los grandes». Y no es solo su entrenador o sus compañeros los que piensan así. La puntuación que le da la prensa es de 9 sobre 10, la mejor del equipo. Los veteranos comparan su actuación con la de *sir* Stanley Matthews, en la final de la FA Cup de 1953, cuando el delantero del Blackpool levantó él solo una final que, a 35 minutos para la conclusión del encuentro, su equipo perdía frente al Bolton Wanderers por 1-3, llevando el marcador hasta el 4-3 definitivo.

Cristiano Ronaldo termina en la gloria su primera temporada en Manchester. Ha marcado 8 goles en 39 partidos disputados en todas las competiciones. Y es nombrado por los seguidores del United «*Sir Matt Busby Player of the Year*». Recibe más de 10.000 votos de la afición de los *Red Devils*. *Sir* Alex Ferguson, comentando el premio que reconoce al mejor jugador del año, dice: «Ronaldo es un joven jugador que ha tenido un impacto inmenso. Se merece el premio. *Sir Matt Busby* creía que hay que dar a los jóvenes futbolistas una oportunidad y Ronaldo entra de pleno en esta categoría».

Tragedia griega

Eurocopa de Portugal

«*T*engamos fe», titula el diario *O Jogo* en portada, con una foto de Cristiano Ronaldo llorando y mirando al cielo con las manos en posición de rezo. Es una de las pocas voces de esperanza en la prensa lusa del 13 de junio de 2004. Los otros periódicos hablan de «un país al borde de un ataque de nervios» o de «un país en lágrimas». Grecia ha ganado a Portugal en la inauguración de la Eurocopa 2004. Ningún otro anfitrión había perdido en el partido inaugural. Y nunca los griegos habían ganado un encuentro en las fases finales de un campeonato. ¿Cómo ha podido ocurrir? «Salimos con un exceso de motivación y la ansiedad se apoderó de nosotros. El ambiente se volvió en nuestra contra», explica Luis Figo, el capitán. «Nos ha podido la presión», confirma Rui Costa, el otro veterano y exponente de la *generación de oro* del fútbol portugués, la que ganó dos mundiales juveniles en 1989 y 1991. «Estuvimos muy nerviosos. Nunca habíamos pensado en la posibilidad de perder», añade Simão.

La presión de todo un país puede ser, sin duda, uno de los factores que han influido negativamente en el debut de la *seleção* en su Eurocopa, en el recién inaugurado Estadio do Dragão en Oporto. Lo que se ha visto es una Grecia muy bien organizada, encerrada atrás, disciplinada, que se dedicó a destruir el juego adversario y a aprovechar la mínima ocasión en un contragolpe o a balón parado. Un *catenaccio* al más puro estilo italiano años 60. En una palabra, un aburrimiento, un equipo muy incómodo que encierra al adversario en su laberinto del que es imposible encontrar la salida. Esto es lo que le ha pasado a la *quinta de Figo*. Los portugueses se han enredado en la tupida madeja por Otto Rehhagel, entrenador alemán de los helénicos. Han perdido el control del partido también porque han fallado los viejos leones, como Figo, Rui Costa y Couto. Y no han dado lo mejor de sí ni Costinha ni Maniche. De eso se da cuenta también Luiz Felipe Scolari, el míster brasileño de los lusitanos. Tanto, que en el descanso cuando el resultado es de 1-0 (gol de Karagunis, jugador del Inter, en el minuto 7, con un disparo lejano, tenso y no muy potente que Ricardo se traga) manda calentar a Deco y a Cristiano Ronaldo. Con el peto verde, número 17, cresta engominada, mechas y dos pendientes que parecen faros, la promesa del fútbol luso zigzaguea, toca el balón y regresa al banquillo. Escucha las consignas tácticas de Scolari y entra en el terreno de juego. Está emocionadísimo. Y se le nota. Cinco minutos después, con ímpetu juvenil, arrolla en el área portuguesa a Giourkas Seitaridis. El árbitro, Pierluigi Collina, pita penalti. Angelos Basinas transforma: 2-0. El público empieza a silbar a Rui Jorge y a un Figo cada vez más cansado... mientras los griegos jalean con olés los pases enlazados de sus jugadores.

El número 17 multiplica sus esfuerzos en la banda izquierda. Galopa delante y atrás, y se prodiga en bicicletas, amagos y quiebros. Es desequilibrante, centra, pero no hay ningún compañero que acuda a rematar. En el minuto 83 decide probar suerte: un zapatazo que acaricia el poste derecho de Antonios Nikopolidis. Cristiano mira al cielo y junta las manos en una especie de rezo. Ahí arriba alguien escucha sus plegarias y diez minutos después marca. Es su primer gol en un partido oficial con la selección portuguesa. Córner desde la izquierda lanzado por Figo, Ronaldo vuela en el aire, un gran salto, un cabezazo imperial que imprime al balón una trayectoria perfecta. Nicokolidis no puede hacer nada. Es una gran alegría para un chico que tiene 19 años y que ha debutado con la *seleção* solo nueve meses antes. Es el 14 de agosto de 2003 cuando recibe la llamada de su madre que le anuncia la noticia de su primera convocatoria con la absoluta para el amistoso contra Kazajstán. Jorge Mendes se la confirma poco después. Ronaldo lo comenta contento, orgulloso y algo abrumado: «Es un momento especial de mi vida. Todo me está pasando al mismo tiempo, primero el Manchester y ahora la selección».

El 20 de agosto de 2003 en Chaves (Portugal), Ronaldo viste por primera vez la camiseta rojiverde. Luiz Felipe Scolari lo saca en la segunda parte. Entra por Luis Figo. Y se encuentra rodeado de los campeones que siempre ha tenido como ejemplo, como modelos a seguir. Luis Figo y Rui Costa, sus mentores en el grupo, le han aconsejado estar tranquilo y jugar como siempre, y sobre todo no dejarse vencer por la emoción. El chico sigue los consejos al pie de la letra y es nombrado por los medios de comunicación el mejor jugador del partido. Scolari lo felicita. Dos meses después, el 11 octubre contra Albania, en Lisboa, será por primera vez titular. Y poco a poco entra en el grupo de los elegidos para disputar la Eurocopa 2004.

Pero la Eurocopa empieza mal, con una derrota inesperada. «En una competición tan corta, solo puedes fallar una vez. Nosotros ya lo hemos hecho. Ahora los partidos ante Rusia y España serán a vida o muerte», dice Luiz Felipe Scolari. Y Portugal no falla en los otros dos encuentros del Grupo A. Scolari corrige sus planteamientos, deja de ser políticamente correcto, y sienta en el banquillo a los veteranos Couto y Rui Costa, llama a la legión del Oporto (el defensa central Carvalho y el creador Deco) y a Cristiano Ronaldo. Como había pedido Eusebio, la exestrella del Benfica y de la *seleção*, los jugadores levantan cabeza. Se imponen a Rusia 2-0, con goles de Maniche y Rui Costa, y a España por 1-0, gol de Nuno Gomes. España queda fuera de la Eurocopa y Portugal pasa a la siguiente fase junto a Grecia. Contra los rusos, Cristiano entra en el minuto 78 en sustitución de Figo y 11 minutos después, desde la izquierda, centra para que Rui Costa marque el gol de la tranquilidad. Contra España es titular y vuelve loca a la defensa de *La Roja*, en especial a Puyol y a Raúl Bravo. Crea ocasiones, remata, sirve a los compañeros. Hace lo que le había pedido Scolari.

En cuartos de final le toca Inglaterra. Las dos selecciones vuelven a cruzar sus caminos en una Eurocopa. Cuatro años antes, en Eindhoven, los lusos remontaron un 0-2 gracias a los goles de Figo, João Pinto y Nuno Gomes. Portugal-Inglaterra, además de la rivalidad histórica, reserva tres duelos de gran interés. El primero: Scolari-Eriksson, los seleccionadores de Brasil e Inglaterra en el último Mundial. Los brasileños mandaron a casa a los ingleses con un gol increíble de Ronaldinho y con la colaboración de Seaman, el portero de los *pross*. El segundo: Figo-Beckham. Las dos estrellas del Real Madrid reflejan en la Eurocopa la pobre temporada de los blancos. Figo aparece cuando más lo necesita Portugal. Beckham apenas ha ofrecido detalles de su fútbol y su aportación ha sido testimonial. El tercero: Ronaldo-Rooney. Quizá el más prometedor de cara al futuro. Sí, porque si la Eurocopa sirve para certificar el ocaso de algunos veteranos como Vieri y Raúl, también sirve para mostrar a algunos jóvenes como Baros, Schweinsteiger o Robben. Dos de ellos, Rooney y Ronaldo han confirmado todas las expectativas. Rooney, que solo tiene 18 años y en septiembre pasará, por unos 30 millones de euros, del Everton al Manchester United, es titular. En Portugal ya ha marcado cuatro goles (dos ante Suiza y dos ante Croacia, convirtiéndose en el futbolista más joven que consigue un gol en la historia de la Eurocopa) y en los momentos más complicados se ha erigido en el líder de la selección inglesa.

Ronaldo, el número 7 de los *Diablos Rojos*, ha salido desde el banquillo en los primeros dos partidos, pero contra España ha conquistado la titularidad y ha realizado un encuentro extraordinario. Contra Inglaterra, junto a Deco y Nuno Gomes, es la referencia ofensiva de los lusos. Rooney, el número 9 de los blancos, hace pareja en ataque con Michael Owen. Y es Owen, el Balón de Oro en 2001, el que marca el 1-0 en el minuto 3 gracias a un error garrafal de Costinha. Cristiano tiene un comienzo fulgurante. El 17 de Portugal está que se sale. No para un segundo, es el dueño de la banda derecha. Una pesadilla para Ashely Cole, el número 3 de Inglaterra.

¿Y Rooney? Pues Rooney casi marca el segundo gol en una falta desde el borde del área que toca David Beckham. Pero su partido dura solo 23 minutos. Un pisotón de Jorge Andrade lo deja tirado en el suelo. Parece que no sea nada grave pero Wayne cojea vistosamente y tres minutos después tiene que dejar el terreno de juego sustituido por Darius Vessel: lesión en el quinto metatarsiano del pie derecho. El duelo con Cristiano queda aplazado para el Mundial 2006. Lástima por él y por un partido en el que Inglaterra, a pesar de las embestidas lusas, manda hasta el minuto 83. En ese minuto Helder Postiga cabecea un gran centro de Simão y abre las puertas de la prórroga. Los equipos están cansados pero Portugal demuestra tener fuerza, sobre todo Cristiano, para quien el partido parece que acaba de empezar. Costa cree que ha sentenciado el encuentro en el minuto 115 con un latigazo espectacular a la escuadra de David James. Pero Inglaterra resucita y cinco minutos después Frank Lampard empata: 2-2. Penaltis. Beckham falla el primero disparando alto sobre el travesaño. También Rui Costa tira a las nubes.

Le toca a Cristiano. Coloca el balón meticulosamente. Y sin nervios empata la cuenta con un trallazo a media altura. Ricardo, el guardameta luso, tapa el lanzamiento de Darius Vessel y poco después, desde los 11 metros, trasforma el suyo llevando a Portugal a semifinales. Le espera otro hueso difícil de roer: Holanda. Los discípulos de Dick Advocaat han llegado a la fase final gracias a la repesca y en los primeros tres partidos han pasado apuros. En cuartos han superado a Suecia en la tanda de penaltis. Nada más empezar el partido Ronaldo no llega por un pelo a rematar a gol un genial centro de Figo. Minuto 26, córner para Portugal. El primero del partido. Saca Luis Figo, Cristiano se deshace del marcaje holandés y, como contra Grecia, se eleva para cabecear a la red el saque de esquina, ante la mirada impotente de Van der Sar y de Davids, que cubre el palo. El chico de Madeira se quita la camiseta, la utiliza como una banderola, va a festejar su segundo gol con la selección bajo las gradas de los aficionados lusos. Y el árbitro suizo Anders Frisk le saca la tarjeta amarilla. En el minuto 67 de la segunda parte el número 17 deja su plaza a Petit. El resultado es 2-1 para Portugal (un golazo de Maniche que traza, a unos 25 metros en diagonal desde fuera del área, una parábola imparable y un gol en propia meta de Andrade) y no cambia. Portugal supera a una *naranja mecánica* oxidada y se mete en su primera gran final.

El domingo 4 de julio, en el Estadio de la Luz de Lisboa, tendrá que medirse en la final a Grecia. Sí, curiosamente, y por primera vez en la historia de una Eurocopa, los dos equipos que se han enfrentado en el partido inaugural cierran la competición. 23 días después se vuelven a ver las caras. Una final que muy pocos esperaban. Antes de que empezara el campeonato, Portugal era uno de los equipos favoritos al título pero las probabilidades de que Grecia ganara según las casas de apuestas eran de un 80 a 1. El camino de los helénicos no ha sido fácil: segundos del Grupo A detrás de Portugal con una victoria contra los lusos, un empate frente a España y una derrota contra los rusos. En cuartos de final han superado a Francia, campeón vigente, y en semifinales se han impuesto a la República Checa. Un partido que el equipo de Scolari ha visto por televisión. Al final todos se quedan perplejos: ¿Cómo? ¿Otra vez Grecia? Pero todos están convencidos de que esta vez la historia será diferente. Están convencidos de ganar, de conquistar el primer gran título de la *seleção*. Un país entero lo espera y arropa a la selección. Lisboa está en la calle, miles de personas siguen el autobús que lleva al equipo al estadio. El ambiente es fabuloso en el Estádio da Luz y todo Portugal a las 19.45 horas del domingo se paraliza.

Otto Rehhagel, el entrenador de Grecia, antes del partido, declara: «Nosotros hemos llegado a la final, hemos dado una gran alegría al pueblo griego y no tenemos nada que perder. Los portugueses, en el partido inaugural, nos han subestimado, ahora estarán más atentos. Es obvio que son los favoritos, tendrán el apoyo de 50.000 espectadores». Y hay más. El factor campo: Portugal no pierde en Lisboa, ni en Alvalade ni en Da Luz, desde hace 17 años. Es además el anfitrión del torneo, condición que fue decisiva en España'64, Italia'68 y Francia'84. Pero el campo talismán y la condición de anfitrión no sirven de nada. Portugal vuelve a tropezar en la misma piedra. La bonita historia de la selección lusa acaba como había empezado con una derrota frente a Grecia (1-0, golazo de cabeza en el minuto 57 de Angelos Charisteas), que protagoniza un *maracanazo* en Lisboa y arruina la fiesta que había preparado un país entero. Y la bonita historia lusa acaba como había empezado, con las lágrimas de Cristiano. Solo, perdido en el medio del campo, no hace caso a las palabras ni a los gestos de ánimo de los compañeros. Llora su tristeza. Llora las ocasiones falladas. Como en el minuto 59, cuando Nikopolidis frustra el intento y en el 74, cuando se queda solo delante de la portería de los helenos pero no apunta bien y lanza el balón por encima del travesaño. Llora porque nunca había imaginado perder contra Grecia, llora porque «teníamos una gran selección y hemos hecho un buen campeonato que no merecía tener un final así». Llora porque es «una persona ambiciosa» y quería ser «campeón europeo a los 19 años». Pero no se rinde: «Habrá muchos campeonatos a lo largo de mi carrera para recuperarme de esta desilusión».

Martunis

Un muchacho fuerte y valiente

Aquella mañana estaba jugando. Corriendo detrás de una pelota en la playa. Llevaba puesta su camiseta preferida, la camiseta rojiverde de la selección portuguesa de fútbol. Y llegó la ola gigante y se lo llevó. Lejos, muy lejos. Dios sabe dónde. Se lo llevó junto a las casas, a las palmeras, a los barcos, a los animales, a los coches, a los turistas. Se lo llevó junto a otros miles y miles de niños, hombres y mujeres, junto a toda su familia que intentaba huir del maremoto en una camioneta. Martunis se fue a la deriva durante 19 días. Sobrevivió comiendo lo que encontraba y bebiendo agua de las charcas. Su ángel de la guarda tiene nombre y apellido: Ian Dovaston, periodista de la cadena de televisión británica Sky News. Él fue quien encontró al chico de 7 años que vagaba, solo, en una playa de Banda Aceh, al norte de la isla de Sumatra.

Débil, deshidratado, desorientado, el cuerpo cubierto de picaduras de insectos, pero a salvo. Dovaston y el intérprete le ofrecen agua y una galletas, y lo llevan a Save the Children. Allí lo lavan y le proporcionan los primeros auxilios. Los voluntarios comentan que ha sido un milagro que haya sobrevivido. En el hospital donde lo ingresan el diagnóstico es muy positivo, el pequeño no tiene ninguna enfermedad grave. Se encuentra con su padre, un pescador, y con su abuela, pero se entera de que su madre y dos de sus hermanas no han sobrevivido al tremendo tsunami, que aquel 26 de diciembre del 2004 dejó 230.000 muertos en el sureste asiático.

El reportaje de Sky News sobre el rescate del niño con la camiseta de la selección lusa llega a las televisiones portuguesas y conmociona al país entero. Martunis conquista de inmediato a la gente, y también al mundo del fútbol. Gilberto Madaíl, de la Federación Portuguesa de Fútbol, asume la responsabilidad de movilizar a los clubes del campeonato y de hacer llegar ayuda humanitaria a Indonesia. Se pone en contacto con el reportero británico para saber cuáles son las necesidades del niño y de su familia. Mientras tanto las estrellas de la selección deciden apadrinar al niño.

«Cuando vimos aquellas imágenes pensamos que teníamos que hacer algo de inmediato. Comprar un terreno y pagar la construcción de una nueva casa para la familia del niño nos pareció lo mejor», dice Luiz Felipe Scolari. «Lo importante de este episodio singular son las ganas de vivir, la lucha del niño, que buscó una oportunidad más para su vida, destrozada por el maremoto. Martunis es un ejemplo para todos nosotros y para los deportistas de cómo se pueden conquistar muchas cosas ante las dificultades. Es un símbolo de superación personal, del espíritu deportivo clásico», añade el seleccionador de Portugal.

«Simplemente me pareció asombroso que un niño de siete años pudiera sobrevivir al cabo de tantos días», comenta un Cristiano Ronaldo conmovido. «Nos da fuerza para pensar que es posible salir adelante incluso en las circunstancias más difíciles. Mi esperanza, y la del seleccionador, es traer al pequeño a Manchester y a Portugal, para ver partidos en Old Trafford y en el Estádio da Luz. Ahora mismo ya hay gente trabajando para que eso ocurra, y lo antes posible. Nosotros nos encargaremos de hacer todo lo que sea necesario. Espero que podamos conseguirlo, porque ese niño es un emblema de valentía y, como llevaba puesta la camiseta de Portugal, estoy seguro de que le encantará venir.»

La esperanza de Cristiano de que el niño pueda asistir a un partido de Portugal se hace realidad seis meses después. El 31 de mayo de 2005 Martunis llega a Portugal acompañado por su padre y por el psicólogo que lo ha asistido desde su rescate. La Federación Portuguesa de Fútbol le ha invitado a asistir a un partido de la Sub 21 en Rio Maior el día 3. Y al día siguiente en el estadio lisboeta Da Luz a un partido de la *seleçao* contra Eslovaquia. Martunis visita el hotel de concentración y come con los futbolistas. Conoce en persona a su ídolo: Cristiano Ronaldo. Un futbolista que ya conocía bien porque es seguidor del Manchester United. Cristiano le da un beso en la frente y le entrega una camiseta rojiverde con el número 1 y su nombre, Martunis, escrito en la espalda. El pequeño la estrena el día después en la catedral del Benfica. Con su gorro, la bufanda y la camiseta de Portugal se sienta al lado de Rui Costa. Madaíl, el presidente de la federación lusa, le entrega un cheque de 40.000 euros, el dinero que se ha recolectado entre los jugadores de la selección. Martunis ve como Portugal gana 2-0 a Eslovaquia. El segundo gol llega al filo del descanso y lo marca de falta desde fuera del área Cristiano Ronaldo.

El número 17 de la selección le había dicho a Martunis que se volverían a ver pronto. Y mantiene su promesa. El 11 de junio aterriza en Banda Aceh y visita la costa de Ulee Lheu, una de las zonas más afectadas por el tsunami. Queda impresionado por la destrucción y la ruina, conmocionado por el coraje de la gente, por sus ganas de reconstruir cuanto antes sus vidas. Y también le choca el cariño y la simpatía que todos le muestran. Lo acompaña en la visita Martunis. Mucha gente lo sigue a pie, en bicicleta o motocicleta. Con Martunis habla a través de gestos y con la ayuda de un intérprete. Cristiano le regala su camiseta de la selección con el número 17 y un teléfono móvil. Saca su ordenador y le enseña fotos y algunos videojuegos. Juntos visitan Oikos, una ONG portuguesa que trabaja en Aceh.

El chico está emocionado con la situación que está viviendo, por ser el héroe de la isla, por tener un amigo tan importante. «Es un muchacho fuerte y valiente. Creo que muchos adultos no serían capaces de hacer frente a lo que ha pasado él. Hay que respetarlo. El suyo fue un acto de fuerza y de madurez. Es un chico especial», declara Cristiano. Los dos pasan el sábado juntos y Sarbini, el padre del niño, cuenta que Martunis está feliz de tener a su lado a un gran futbolista que lo trata como si fuera su hermano pequeño. El domingo siguiente Ronaldo vuela a Yakarta donde lo espera un encuentro con Jusuf Kalla, el vicepresidente de Indonesia, que organiza una cena y una subasta (varias camisetas de Portugal y del Manchester United, un par de botas y un balón autografiado) que recolecta un billón de rupias, casi 80.000 euros, que servirán para la reconstrucción de Aceh. Tres años después del maremoto, Martunis fue entrevistado para un documental de la FIFA. Dice: «Ahora, mi pasatiempo favorito es el fútbol. Mi abuelo era un jugador de fútbol. Yo, cuando sea mayor, quiero ser futbolista, como él».

El día más triste

La muerte del padre

*M*artes, 6 de septiembre de 2005. Son las 9 de la noche en Moscú. Cristiano está en su habitación viendo una película cuando Luiz Felipe Scolari, el seleccionador de Portugal, pide que se reuna con él. Al día siguiente los portugueses disputarán contra los rusos un partido clave para la clasificación al Mundial de 2006. Si ganan, y los eslovacos ceden puntos, tendrán un pie en Alemania. En la suite del seleccionador está también Luis Figo, el capitán de Portugal. A Cristiano le parece extraña la situación pero no se imagina nada. Piensa que se trata de alguna cuestión técnica, algún detalle que el míster y el capitán quieren hablar con él. Pero la noticia que le comunican es la muerte de su padre. Dinis Avéiro, de 51 años, ha fallecido en una clínica de Londres donde estaba hospitalizado desde hace varias semanas.

En julio, el padre de Ronaldo había sido ingresado de urgencia en el Centro Hospitalario de Funchal con pronóstico reservado debido a graves problemas hepáticos y renales. En un intento por salvarle la vida, Ronaldo pidió que su padre fuera trasladado a Inglaterra para trasplantarle un hígado. A pesar de una mejora pasajera, Dinis muere. El alcohol lo ha llevado a una muerte prematura que deja a Cristiano desolado. «Fue como si el mundo nos viniera encima», comenta su hermana Catia.

Scolari y los dirigentes de la Federación Portuguesa de Fútbol ofrecen a Ronaldo la posibilidad de salir inmediatamente de Moscú para estar al lado de su familia, pero CR7 dice que no, que quiere quedarse con la selección, y pide a Scolari participar en el partido. «Quería jugar. Solo sabía que quería jugar. Quería mostrar a toda la gente que conseguía separar las cosas.

Que era un gran profesional y que me tomaba el trabajo como algo muy serio. Quería jugar el partido en honor a mi padre. Quería marcar un gol por él. Me puse a prueba y puse a prueba a todas las personas que me quieren», cuenta Cristiano pasado el tiempo.

«Espero que juegue, sería una forma de descargar sus sentimientos», dice Gilberto Madaíl, presidente de la Federación Portuguesa de Fútbol. Y a las preguntas de los periodistas sobre cómo ha encontrado al jugador responde: «He visto un chaval de 22 años que ha perdido a su padre y está destrozado. Es una situación complicada. Aunque fuera esperado, nadie se imaginaba que fuera tan de repente. Es muy doloroso».

La decisión final de alinear en el once titular a Cristiano le toca a Scolari, un hombre muy cercano en un momento tan difícil. Scolari le recuerda a Cristiano que la familia es lo primero, que el fútbol viene después, le da fuerza y comparte con él su dolor contándole cómo murió su padre. Eusebio, también presente en Moscú, da ánimos a la estrella del conjunto. Recuerda cuando pasó por la misma situación, jugando el día de la muerte de su madre en un partido en el que marcó tres goles.

El grupo le apoya. En un momento tan duro toda la plantilla quiere que se sienta lo mejor posible. Pero el día del partido, cuando los periódicos lusos titulan «Portugal está contigo» (*A Bola*), el ambiente en el vestuario del estadio del Lokomotiv es extraño. Se respira la tristeza. Caras afligidas, nadie habla, nada de bromas, no se percibe la tensión que reina antes de un encuentro tan importante. Cristiano se da cuenta de lo que pasa y empieza, con un gran esfuerzo, a juguetear con el balón, como siempre hace antes de un encuentro con la camiseta de la selección. Demuestra que la vida y el juego tienen que seguir. Demuestra fuerza, pero a la hora de escuchar el himno nacional portugués no puede contener la emoción.

Portugal y Rusia empatan a cero. Ronaldo no logra marcar el gol que quería dedicar a su padre. Lo hará en el Mundial de Alemania, transformando el último penalti contra Inglaterra que calificará a Portugal para semifinales. Entonces levantó el brazo señalando el cielo, algo que no pudo hacer aquel 7 de septiembre en el estadio del Lokomotiv. No marcó, pero fue el mejor en el campo. Deco, compañero de selección, desveló algunos detalles del vestuario: «Lo que hicimos aquel día fue no hablar mucho del asunto. Sabíamos que una vez dentro del campo se iba a encontrar mejor. El fútbol es alegría. Pero no olvidaré nunca cómo se enfrentó a un dolor de ese tipo. Fue admirable sobre todo pensando en la edad que tenía y en la presión que sufría».

Después del partido Cristiano Ronaldo regresa a Madeira. En el cementerio de San Antonio en Funchal tiene lugar el entierro de su padre. La noticia del fallecimiento de Dinis Aveiro ha consternado a la pequeña comunidad. El padre de Ronaldo, según amigos y vecinos, «era una persona humilde que se llevaba bien con todos y no causaba problemas a nadie». Un hombre sencillo al que el éxito de su hijo no le había cambiado. Mantenía las mismas costumbres y las mismas amistades que tenía cuando nadie lo conocía. Aunque Cristiano le había proporcionado una maravillosa vivienda con vistas al Atlántico y podía darse todos los lujos posibles, él continuaba levantándose de madrugada para ayudar al vendedor de periódicos de San Antonio. Un pasatiempo que nunca dejó. Pasaba el día entre tertulias con los amigos en los bares y ayudaba algo en la sede del Andorinha, el club donde nació la estrella de su hijo. Por la tarde cogía dos autobuses para llegar a casa.

Varios centenares de personas acudieron al funeral. Amigos, vecinos del barrio, parientes y representantes de las instituciones locales, del mundo del fútbol, entre ellos Scolari, Paulo Bento, del Sporting de Lisboa, y los dirigentes del Andorinha. Siempre acompañado de su familia y de su agente Jorge Mendes, Cristiano Ronaldo, camisa negra y gafas de sol, consigue contenerse, no deja escapar ni una lágrima, pero cuando enseña sus ojos se ve que ha llorado y mucho. Los agentes de seguridad intentan alejar a cámaras de televisión y fotógrafos. La familia no quiere que se saquen imágenes de la ceremonia. No gustó a Cristiano Ronaldo el tratamiento que la prensa lusa dio al entierro de su padre, portada durante cuatro días seguidos. «Necesitábamos silencio y al final se transformó todo en un alboroto. Me hizo mucho daño. A mí y a mi familia.» Cristiano pasó unos días muy malos y lo recuerda con el paso de los años: «Mi padre siempre me apoyaba, me pedía que fuese ambicioso y se sentía orgulloso de lo que había conquistado en el fútbol. Lo quiero y siempre lo querré. Siempre estará conmigo. Siempre será un ejemplo para mí. Imagino que ahí donde estés puedas ver lo que hago, lo que he llegado a ser».

A Dinis no le gustaban ni los focos ni las cámaras. Prefería estar en un segundo plano, pero la relación entre padre e hijo siempre fue muy estrecha. Eran inseparables antes de que la *abelhinha* se fuese al continente y al Sporting de Lisboa. Y cuando el hijo marchó a Manchester estuvo con él muchas veces, acompañándolo, apoyándolo, animándolo hasta que su enfermedad ya no se lo permitió. Una y otra vez, Cristiano intentó convencer a su padre para que ingresara en una clínica para tratar su adicción al alcohol, pero no pudo salvarlo. Dinis siguió bebiendo. De nada sirvieron los cuidados de los mejores hospitales ingleses. Y su muerte marca el inicio de un periodo difícil para el número 7 en el Manchester United.

Trampa

Acusado de violación

Scotland Yard no da nombres. Confirma solo que un hombre de 20 años acudió por su propio pie a una comisaría de Londres para declarar después de que una mujer presentara una denuncia. Pero los medios británicos no tienen dudas. *The Sun*, el día después, dispara en primera página: «Ronaldo detenido. El *crack* Cristiano Ronaldo fue arrestado al ser acusado de violación». La noticia dio la vuelta al mundo el 19 de octubre de 2005.

La historia: una mujer francesa asegura haber sufrido, el 2 de octubre, un asalto sexual por parte de Ronaldo en una suite del hotel Sanderson de Londres. Le cuenta a la policía que ella y una amiga conocen al número 7 del Manchester United en Movida, una discoteca al lado de Oxford Circus. Cristiano está en la capital británica porque, esa misma tarde, ha jugado el partido de la Premier contra el Fulham, que los *reds* han ganado 3-2. Desde Movida, Ronaldo, un amigo y las dos chicas se trasladan al Long Bar del Sanderson en West London. Hablan y beben durante dos horas antes de subir a la suite. Y ahí, según el testimonio de las chicas, tiene lugar la violación. A las cinco de la mañana las dos mujeres dejan el hotel y van al hospital. El lunes, en la comisaría de West End Central, ponen sendas denuncias. Después de ser interrogadas y examinadas, la policía toma muy en serio la denuncia de las mujeres.

El 19 de octubre, Cristiano Ronaldo se presenta, acompañado por un abogado del Manchester United, en la comisaría de West Didsbury de Londres tras el requerimiento por parte de la Policía. El equipo *Operación Safira* de Scotland Yard, que se ocupa de la investigación de crímenes sexuales, convoca también a un hombre de 30 años que, tras el interrogatorio, fue puesto en libertad. Ronaldo, sin embargo, continuó en la comisaría. Le toman las huellas dactilares y una muestra de saliva. Lo interrogan. Niega rotundamente haber cometido un abuso sexual. Casi nueve horas después de haber entrado en la comisaría sale en libertad. La policía estudia la posibilidad de enviar el resultado de sus investigaciones a la fiscalía, por si estima oportuno procesar al jugador.

«De momento no comentamos nada», dice Phil Townsend, director de comunicación del Manchester United. La presión es tan fuerte que finalmente habla Carlos Queiroz, que está de vuelta como segundo del United tras su discreto año en el Real Madrid. En una entrevista telefónica con la cadena pública de televisión de Portugal (RTP) niega que Cristiano haya sido detenido. Dice que Ronaldo se presentó voluntariamente, y que la presencia del jugador en la comisaría fue acordada entre responsables de la policía y del Manchester United. «Fue a dar explicaciones, como estaba previsto, y en base a esas explicaciones las autoridades sacarán sus conclusiones. Cristiano está tranquilo, pero muy molesto por verse implicado en historias que no son verdaderas. Hay siempre dos caras en historias de este tipo, pero esta acusación es patética.»

Queiroz aprovecha para criticar el sensacionalismo de la prensa inglesa y el hecho de que se utilice sin matices el término *arrestado*. «La noticia se ha dado de un modo desorbitado, se quieren crear historias para vender periódicos y lo que hacen es herir a la gente, pero no tienen bases para la acusación. Quienes deberían estar detenidos son algunas personas de los medios de comunicación que se empecinan en no darse cuenta de que las palabras pueden matar», añade Queiroz. En defensa de Cristiano se suma también Jorge Mendes, su representante. En un comunicado dice: «La acusación de violación que pesa contra Cristiano Ronaldo es el producto de la imaginación y la fantasía. La rechazo total y categóricamente. Como demostrarán las investigaciones, estos cargos no se basan en ningún hecho creíble».

No es la primera vez que jugadores de las ligas inglesas se han visto involucrados en presuntos actos de abusos sexuales. Jody Morris, del Leeds, fue detenido en 2003 por presunta violación. Su caso fue archivado. En septiembre del mismo año siete jugadores del Chelsea y del Newcastle fueron acusados de violar a una joven (en el hotel Grosvenor House de Londres) que mantenía relaciones consentidas con otro futbolista del Chelsea. El caso escandalizó a Inglaterra pero fue archivado. Terrell Forbes defensa del Grimsy Town, equipo de la Segunda División, fue inculpado junto a cuatro amigos de violar a una chica de 15 años en 2004. Todos fueron absueltos. Tres jugadores del Leicester City fueron acusados de violar a tres mujeres en un hotel de la costa de Murcia durante la concentración de su equipo en un parón liguero en 2004. También fueron absueltos.

Robin van Persie, el holandés del Arsenal, fue detenido en junio de 2005, cuatro meses antes que Cristiano, acusado de violación en Rotterdam. Fue puesto en libertad dos semanas después. Muchos son los casos, pero pocos imaginaban que Ronaldo pudiera verse involucrado en un asunto similar. ¿Por qué? Porque aunque a veces el comportamiento en el campo del portugués es llamativo, ostentoso y provocador, fuera del terreno de juego es conocido como *the Quiet One*. Un tipo tranquilo que sale poco de casa y nunca protagoniza los escándalos que la prensa esperaba que organizara. El Manchester no tarda en manifestarle su apoyo incondicional, y también los aficionados y la Federación portuguesa de fútbol.

A principios de noviembre hay novedades en el caso. Nuno Aveiro, el primo de Cristiano, es detenido e interrogado por la policía, según *The Sun*, en la misma comisaría donde ha declarado el número 7 del Manchester. La mujer que acusa al futbolista, sostiene que Nuno, aquella noche en el Sanderson, la sujetó impidiéndole moverse mientras Cristiano la violaba. Nuno Aveiro niega la acusación y sale bajo fianza. Entretanto una de las dos mujeres ha vuelto a Francia y ha retirado su denuncia. El 25 de noviembre el caso queda cerrado. Cristiano Ronaldo no será juzgado por violación. Ese día un portavoz de Scotland Yard informa: «El Servicio de Policía Metropolitana presentó un expediente a la Fiscalía de la Corona tras las acusaciones de un asalto sexual grave en un hotel en el centro de Londres el 2 de octubre. Hemos sido informados hoy que no hay pruebas suficientes para el cargo. Por lo tanto los dos hombres arrestados durante el curso de esta investigación no se enfrentarán a ninguna otra acción de la policía en relación con este asunto».

Cristiano Ronaldo responde con otra declaración: «Siempre he defendido con firmeza mi inocencia y ahora me alegro que este asunto se acabe para que pueda concentrarme en jugar con el Manchester United». A sus amigos más íntimos, CR7 siempre les había dicho que la acusación era falsa y que se trataba de una trampa. Cristiano había sido la víctima elegida. Una tesis que *The News of the world* respaldará sosteniendo que la trampa había sido organizada por una prostituta especializada en la caza de ricos y famosos. La historia termina bien pero, como sostiene el futbolista, «todos los medios publicaron en primera página la noticia de mi acusación, pero cuando se desveló la verdad lo publicaron en páginas interiores y en pequeño».

No son los mejores meses de Cristiano. Además de los problemas judiciales, en el campeonato inglés recibe una tarjeta roja en el derby del Manchester contra el City. Se ve envuelto también en un rifirrafe con su compañero Ruud van Nistelrooy en un entrenamiento. En la Liga de Campeones hace una peineta a los seguidores del Benfica al ser sustituido en un partido en Lisboa. Parece que quiera luchar contra el mundo entero.

«La violación fue una acusación falsa. No cuenta. Pero es obvio que la muerte de mi padre ha influido en todo. De repente me veo haciendo cosas que no están bien. Era como si estuviera harto de ser un buen chico y necesitara darle un buen bocado a la vida», explica Cristiano en una entrevista concedida al periodista y escritor Joel Neto, meses después de pasar por esa mala racha. Y añade Ronaldo: «Fue una fase difícil en mi vida, y por mucha conciencia que tuviera de que es preciso saber lidiar con las cosas difíciles, no siempre se consigue. Sobre todo en el fútbol. Es muy complicado jugar cuando no se está bien psicológicamente».

«Dale en el ojo a Ronaldo»

Polémica en el Mundial de Alemania

$\mathcal{H}$a visto imágenes del Mundial de 1966, cuando el Portugal de Eusebio llegó a semifinales y fue eliminado por la Inglaterra de Bobby Charlton, que acabó siendo el campeón. Pero su primer recuerdo es el de Estados Unidos'94 y el enfrentamiento entre Italia y Brasil. «Yo tenía 9 años, vi el partido en Madeira con mi familia, todos íbamos con Brasil. Pero la imagen de Roberto Baggio fallando el penalti decisivo se me ha quedado grabada en la memoria.» Tampoco se ha olvidado del Mundial 2002 donde el equipo de Portugal no pasa la fase de grupos, derrotado por Corea del Sur.

Estamos en 2006. Cristiano Ronaldo ya no verá el mundial por televisión. Lo va a jugar en Alemania. Tiene 21 años y los aficionados al fútbol le han incluido, junto a Leo Messi y al ecuatoriano Luis Valencia, en la lista de seis candidatos (los otros tres, designados por la FIFA, son Cesc Fàbregas, el suizo Tranquillo Barnetta y el alemán Thomas Podolski) entre los que se elegirá al mejor jugador joven del Mundial (de los nacidos a partir del 1 de enero de 1985), que deberá distinguirse por su estilo, carisma, juego limpio y pasión por el fútbol.

Su tercera temporada en el Manchester United no ha sido fácil ni fuera ni dentro del campo. Cristiano ha perdido la apuesta con Ferguson. Había dicho que marcaría quince goles y se ha quedado en 12. Lo cierto es que el chico de Madeira está progresando pero el United, por segundo año consecutivo en la Premier queda detrás del Chelsea de José Mourinho. En la Champions no pasa de la fase de grupos, derrotado amargamente por el Benfica, y en diciembre está fuera de Europa. El único trofeo que se lleva a las vitrinas de Old Trafford es la

Carling Cup, la Copa de la Liga de Inglaterra, que ha ganado contra el Wigan (4-0). El tercer gol ha sido obra de Ronaldo, que en todo caso durante el 2005 ha recibido el premio al mejor futbolista joven, elegido por los aficionados. Su compañero de equipo, Wayne Rooney, ha ganado el premio oficial de la misma categoría. Los dos estaban predestinados a ser protagonistas en Alemania. Tanto en lo bueno como en lo malo. Luiz Felipe Scolari, el seleccionador luso, confía en el número 7 del United y Portugal confía en que su selección hará un buen campeonato. Ronaldo también: «Creo que tenemos un equipo excelente, grandes jugadores y un gran entrenador. Personalmente espero estar mejor en este Mundial de lo que estuve en el Europeo». El Grupo de Portugal, el D, está compuesto además por Angola, México e Irán. Parece bastante fácil y lo es. Los lusos ganan los tres partidos: 1-0 a la excolonia Angola, 2-0 a Irán y 2-1 contra México. Cristiano marca, de penalti, el segundo tanto contra los iraníes. Portugal se clasifica con 9 puntos, como primero del grupo, para los octavos de final. Hacía 40 años, desde el Mundial de Inglaterra de 1966, que los lusos no pasaban la barrera de la fase de grupos.

En Nuremberg, el 25 de junio de 2006, Portugal se enfrenta a Holanda. Se repite la semifinal de la Eurocopa 2004. Gana Portugal y Scolari define con razón la victoria como histórica. Y Luis Figo, el capitán, añade que es el resultado «de la unidad, del carácter del equipo y del apoyo a la selección de todo un país». Pero lo que se recuerda de aquel encuentro es la dureza de la segunda parte. Los holandeses Gio van Bronckhorst y Boulahrouz y los portugueses Deco y Costinha acaban expulsados: se pierden los cuartos de final. El árbitro Valentin Ivanov reparte 20 tarjetas (16 amarillas y 4 rojas). Los lusos pasan a cuartos, gracias a un gol de Maniche. Cristiano Ronaldo, llorando de rabia, tiene que dejar su sitio a Simão. No puede mover la pierna después de una durísima entrada de Boulahrouz. Y será duda, casi hasta el último momento, para el choque de cuartos de final contra Inglaterra. Cristiano no quiere perdérselo. Se verá la cara con algunos de sus compañeros del Manchester United y le espera un probable duelo en la banda con Gary Neville.

El 1 de julio a las 5 de la tarde, se juega el partido en Gelsenkirchen. Sí, Ronaldo, con el número 17 en la espalda, entra en el campo. Se ha recuperado. Inglaterra en octavos ha sufrido mucho para ganar 1-0 a Ecuador. Sven Göran Eriksson, el técnico sueco de los *Tres Leones*, teme a los adversarios y al entrenador. Scolari ha sido el verdugo de Inglaterra en el Mundial de Corea-Japón cuando estaba en el banquillo de Brasil y, con Portugal, ha eliminado a los ingleses en la Eurocopa 2004.

Se inicia el partido. Desde las gradas rugen los 45.000 británicos contra los 5.000 portugueses. Pero Inglaterra no juega como esperan sus aficionados. Es un equipo triste. Lampard, Gerrard y Rooney, sus grandes figuras, no están a la altura de la situación. Portugal es dueño del balón hasta la línea de tres cuartos, pero ahí se bloquea. No sabe cómo pasar, cómo abrir la defensa inglesa. Solo Cristiano en las bandas muestra todo su potencial. A Gary Neville tienen que ayudarle Gerrard y Lampard. Todo transcurre sin muchos sobresaltos en ambas porterías hasta que llega el minuto 62.

Ricardo Carvalho ha sometido durante todo el partido a Wayne Rooney a uno de esos marcajes que los cronistas califican de férreo o pegajoso, no dejándole espacio ni para darse la vuelta. Rooney no es lo que se dice un jugador paciente y en el transcurso del partido va acumulando mala sangre contra Carvalho, que nuevamente se encuentra con él, esta vez en el centro del campo. Rooney trata de pasar entre Carvalho y Petit y no puede porque Carvalho se emplea a fondo para que no pase. Hay un forcejeo y Carvalho termina en el suelo y, entonces, a *Roo*, como le llaman en Inglaterra, se le cruza el cable y pisa a Carvalho justo en la entrepierna. Una falta que desencadena un rifirrafe entre ingleses y portugueses. Cristiano es el primero en llegar al lugar del delito y corre para explicar sus razones al árbitro. Rooney lo empuja y dice algo así como «tú no te metas». Y Maniche intenta hacer de pacificador. Al final, el colegiado argentino Horacio Marcelo Elizondo (el mismo que expulsaría pocos días después a Zidane tras el famoso cabezazo a Materazzi) saca la tarjeta roja y el número 9 del Manchester United, el compañero del número 7 del mismo equipo, se va a la ducha.

Los aficionados ingleses protestan con rabia, piensan que la decisión arbitral es injusta y gritan: «¡*Cheat, cheat, cheat!*».

Acusan de tramposo a Carvalho (ahora jugador del Real Madrid, ese año en el Chelsea) que es retirado en camilla. Durante meses la prensa inglesa hablará de este minuto, de lo que pasó entre Cristiano y Rooney. Una polémica infinita. Pero antes de profundizar seguimos con el partido. Eriksson reacciona a la expulsión: sale del campo Joe Cole, entra Peter Crouch. Y con 10 contra 11, Inglaterra encuentra su sitio en el campo. Todos atrás y balones largos para Crouch. Scolari pone a Simão por la izquierda y manda a Cristiano al centro del ataque. Como número 9 no funciona. Tanto que el técnico lo ubica otra vez en su sitio natural. Inglaterra aguanta las embestidas lusas.

Finalizan los 90 minutos reglamentarios: 0-0. Portugal no ha sabido aprovechar la superioridad y los de Eriksson han creado peligro a la contra. La prórroga es un asedio a la portería defendida por Robinson, pero Portugal no tiene imaginación, ni ideas claras. Inglaterra sobrevive. Y se llega a la tanda de penaltis. Ricardo, el portero del Sporting de Lisboa, el héroe de la Eurocopa 2004 (contra Inglaterra paró dos penaltis) se muestra impasible, tranquilo y muy pegadito a la línea de gol. Parece como si no fuera con él toda la tensión que se vive en el campo. Llega Frank Lampard, el primero en chutar desde los 11 metros para los ingleses, y Ricardo para el penalti. Tercer penalti en contra: Steve Gerrad dispara y Ricardo para. Y ha estado a punto de detener también el segundo de Hargreaves. Se le escapa, aunque roza el balón con la yema de los dedos. Cuarto penalti, Jamie Carragher, se da media vuelta y marca pero el árbitro Elizondo no lo considera válido porque no ha dado la orden para que lo lanzara. Tiene que repetir. Carragher vuelve, corre hacia el balón para volver a marcar, pero Ricardo espera hasta el último instante antes de volar hacia uno de los costados para desviar el balón que pega en el travesaño y se va fuera.

Le toca lanzar a Cristiano. Si marca, Portugal se mete en la semifinal. El chico del Andorinha está muy tenso. La cámara nos lo muestra en primer plano haciendo muecas. Llega a los 11 metros, da saltitos para aplanar el punto de penalti, besa el balón. Lo coloca con cuidado. Coge carrerilla, se para y tira. Gol. Ronaldo grita, se vuelve loco, éxtasis entre los jugadores del campo y en el banquillo. Cristiano señala el cielo y dedica el gol a su padre. Por fin, puede dedicarle un gran gol a su padre. «Tenía mucha confianza en marcar», dirá después. Inglaterra se va a casa antes de tiempo, igual que sucedió en la Eurocopa de 2004, también por culpa de Portugal y también en la tanda de penaltis. Aquella vez falló el penalti decisivo David Beckham, que esta vez ha tenido que salir del campo por lesión.

El 5 de julio, Portugal se enfrenta en semifinales a la Francia de Zidane que está ahí después de vencer, contra pronóstico, al Brasil de Ronaldinho, el equipo al que todos daban por favorito para conquistar el Mundial. Fue un partido que empezó siendo controlado por los portugueses. Figo, Cristiano y Deco mandaban y creaban ocasiones de gol hasta que en el minuto 33 Thierry Henry entra en el área lusa, Ricardo Carvalho mete la pierna y el árbitro uruguayo Jorge Larrionda pita penalti. Una decisión que Scolari y los portugueses protestan con furia. Zidane marca ajustado al palo después de una carrera corta. Será el resultado final. El doble pivote de hierro, Patrick Vieira y Claude Makelele, se ocupó de que el marcador no se moviera. Los portugueses tienen el balón, lo intentan de todas las formas posibles, Figo y Cristiano cargan en las bandas pero todos los asaltos van a chocar contra la defensa francesa. El último susto verdadero para Fabien Barthez es un libre directo de Cristiano Ronaldo derecho a las manos del portero. El guardameta francés intenta sujetarla pero se le escapa y deja la pelota muerta para que Figo cabecee fuera por muy poco. El partido termina con Cristiano entre lágrimas y con Zidane consolando a Luis Figo, su compañero en el Real Madrid, que está desolado tras su último partido con la camiseta de la *seleção*.

Otra vez Francia le ha birlado una final a Portugal. Ya lo había hecho, también con un penalti de Zidane y un postrero gol de Wiltord, en la Eurocopa del año 2000. *Les bleus* van a jugar la final de Berlín contra Italia. Fue la final del cabezazo de Zidane, y de la cuarta Copa del Mundo para los italianos. Portugal, el 8 de julio en el Gottlieb-Daimler-Stadion de Stuttgart, pierde por 3-1 en el partido por el tercer puesto contra la anfitriona Alemania. Para el conjunto de Scolari, el Mundial se ha acabado, pero no para Cristiano Ronaldo.

Es hora de regresar al minuto 62 del Portugal-Inglaterra, ya que en el Reino Unido se ha montado una gorda. Vamos por orden. Prensa y aficionados ingleses están convencidos de que Ronaldo presionó a Horacio Elizondo para que le sacara la roja a Rooney. Y lo ven poco menos que como el responsable de la derrota de Inglaterra. También se maneja la posibilidad de que los portugueses hubieran tendido una trampa a Rooney conociendo su carácter impulsivo. De este modo, se supone que Carvalho le provocó, Rooney picó el anzuelo y Ronaldo remató la faena denunciando la agresión ante el árbitro. Poco importa que Cristiano diga: «Yo no soy árbitro y no tengo el poder de expulsar a un jugador. No he tenido nada que ver con el hecho de que el árbitro le mostrara la tarjeta roja». Poco importa que el árbitro declare a *The Times*: «La gente puede decir lo que quiera, pero Ronaldo no tuvo ninguna influencia. Yo no me dejo llevar por la presión durante un partido. Para mí fue una acción violenta, tarjeta roja clara». De nada sirve la defensa de Ricardo que declara: «Siempre tiene que haber un chivo expiatorio cuando alguien pierde. No creo que Ronaldo influyera al árbitro, que estaba atento a la jugada». Por su parte, Rooney comenta: «No guardo rencor a Cristiano, pero estoy decepcionado. No tenía que haberse metido».

Los tabloides ingleses se explayan abiertamente con el episodio. *The Sun*, por ejemplo, escribe que Rooney amenaza con «partir en dos» a su compañero portugués cuando ambos vuelvan a encontrarse en Manchester. Y señala que el United mostrará a Cristiano Ronaldo la salida del club «a causa de su vergonzosa actuación en el Mundial». En la polémica interviene también Alan Shearer, exdelantero de la selección inglesa, que declara en televisión: «Creo que cuando Wayne Rooney se presente al entrenamiento del Manchester United le va a dar un puñetazo a Ronaldo». Steven Gerrard, el capitán del Liverpool se pregunta: «¿Cómo pudo hacer eso a un compañero de equipo? Es increíble. Si uno de mis compañeros hiciera lo mismo yo nunca volvería a dirigirle la palabra». Martín Jol, el mánager del Tottenham, culpa a Cristiano de ser antideportivo, algo muy grave en Inglaterra.

Los mensajes que se cruzan en Internet los hinchas ingleses son durísimos. La red hierve: «No quiero volver a ver a Ronaldo en el Manchester». «Es una desgracia para el deporte.» «No se traiciona así a un amigo.» En esta línea. Ronaldo tiene que volver a salir a escena. Explica que no hay problema alguno con Rooney. «Nos enviamos mensajes por teléfono y entre nosotros todo se aclaró. Me deseó suerte en el Mundial. Me dijo que teníamos un gran equipo y si seguíamos jugando así podíamos llegar muy lejos. No estaba enfadado conmigo y además me dijo que ignorara todo lo que decía la prensa inglesa, que solo quería crear confusión.» Ronaldo promete hablar con Rooney cuanto antes para zanjar la cuestión.

Pero la historia no se acaba ahí porque las televisiones inglesas difunden unas imágenes en las que se ve a Cristiano guiñando un ojo al banquillo de Portugal después de la expulsión de Rooney. Como diciendo, misión cumplida, lo hemos echado. Ronaldo sale al paso y explica que Scolari le había ordenado que cambiara de posición en el campo y que le guiñó el ojo porque había comprendido la orden. Los medios se lo toman como una grave ofensa y cargan contra Ronaldo. *The Sun*, el 3 julio, en portada, publica la cara de Cristiano en el centro de una diana mientras guiña el ojo. «*Give Ron on the eye*» (Dale en el ojo a Ronaldo) es el título. Y en el artículo se lee: «Todos los aficionados de Inglaterra tienen la oportunidad de vengarse (...) Del guiño de Ronaldo hemos hecho nuestro blanco. Ponlo en tu despacho y dale en el ojo al astuto caballero». Sin comentarios.

La historia continúa. Y aparece en escena Alex Ferguson. Pero lo hace días después, cuando ya todo se ha extralimitado. En su descargo, dice que llamó a Ronaldo, pero que tenía un número antiguo y no pudo hablar con él. En agosto, poco antes del inicio de la nueva temporada, Ferguson y David Gill, presidente ejecutivo del United, vuelan hasta el Algarve, para hablar con el chico. Temen que no quiera volver a Inglaterra y sospechan que quiere marcharse a España, al Real Madrid o al Barcelona. Cristiano se ha quejado de no haber sentido el apoyo del club en toda esta polémica. Al entrenador le explica que está preocupado, que tiene miedo de la prensa y de las reacciones de los hinchas adversarios cuando pise nuevamente los campos británicos. Ferguson le tranquiliza y le asegura que en Manchester saben lidiar con estas situaciones.

Lo han hecho tras el Mundial de 1998 cuando Beckham fue expulsado por agredir a Simeone, centrocampista de Argentina, y fue culpado de la eliminación de Inglaterra. En los *pubs* de Londres quemaban fotos del capitán de Inglaterra y el jugador tuvo que soportar poco menos que un linchamiento público. Ferguson le explica a Ronaldo que los ingleses ladran pero no muerden y que seguramente le pitarán pero nada más. Le cuenta que le han buscado una nueva casa en el campo, más tranquila, con toda la seguridad y privacidad del mundo. El *boss* le convence para que regrese y afronte la situación. Y en Macclesfield, la localidad en la que el club inglés se concentra durante la pretemporada, Cristiano y Wayne Rooney hacen las paces. Conversan a solas durante 45 minutos en un encuentro que ha provocado Ferguson. Después Ronaldo concede una entrevista a la publicación futbolística *FourFourTwo*: «No hay problema alguno entre Wayne y yo. No hay diferencias personales. En el Mundial fuimos rivales, pero es algo del pasado. La vida sigue».

Champán

La presión le hace más fuerte

Solo hay dos posibilidades frente a una situación muy difícil: o te hundes en la miseria y de ahí nunca sales o reaccionas con todas tus fuerzas. La segunda opción es la que elige Cristiano Ronaldo. Frente a las acusaciones de la prensa sensacionalista, frente a las amenazas, frente a las cartas acompañadas de polvo blanco (el falso ántrax que, en aquellos años, estaba muy de moda), el número 7 del Manchester United deja de lado su idea de fuga. Regresa a Inglaterra y saca a relucir su talento y sobre todo su carácter forjado en los tiempos difíciles de Lisboa. «Demostré que la presión me hace más fuerte. Me puse a prueba y gané. Desde el principio de la temporada intenté relajarme y me puse una máscara de hielo en los partidos en los que abundaban los silbidos. Los ignoraba y los convertía en un factor extra de motivación», cuenta Ronaldo en su autobiografía *Momentos*.

¿Un ejemplo? El 23 de agosto de 2006, segunda jornada de la Premier. El United juega fuera de casa en The Valley contra el Charlton. Cuando Ronaldo entra en el campo parece que las gradas se vengan abajo. Todo el público adversario grita, pita y lo insulta. Pero justo antes del final del primer tiempo el número 7 del Manchester recibe el balón, regatea a un jugador y manda el balón con violencia contra el travesaño. El público, de repente, se calla. Es como si toda la grada hubiera decidido que lo mejor es no provocarle y callan para evitar su enfado. El United gana por 0-3. Ferguson habla con Ronaldo: «Tú solo has encontrado la respuesta correcta. Puedes hacerlos callar con tus cualidades. Nunca has de tener miedo de enseñar lo que sabes hacer. Demuestra siempre tu coraje».

Ronaldo lo hará a lo largo de toda la temporada. El Mundial de Alemania y todo lo que ha tenido que soportar le han hecho madurar de golpe. Tiene una cara diferente a la de pocos meses antes, más seria, más determinada, menos de chiquillo arrogante. Trabaja mucho. En los entrenamientos es el que más se esfuerza. Mejora en lo físico y en lo táctico. Se asocia mejor con sus compañeros. Escucha los consejos de Ferguson y Carlos Queiroz. Ahora Cristiano sabe cuando hay que regatear, cuando hay que correr, cuando hay que pasar y cuando hay que tirar. Sabe interpretar mejor el partido y dosificar sus esfuerzos. Y los resultados llegan.

El 22 de abril de 2007 Cristiano es nombrado Mejor Jugador del Año, un premio que otorga la asociación de futbolistas profesionales de Inglaterra, por delante de compañeros como Ryan Giggs y Paul Scholes, y de adversarios como Steven Gerrard, Didier Drogba y Cesc Fàbregas. Ronaldo es el séptimo jugador del United que conquista el título después de Mark Hughes, Gary Pallister, Eric Cantona, Roy Keane, Teddy Sheringham y Ruud van Nistelrooy. Pero Cristiano gana también el premio como Mejor Jugador Joven del 2007 y entra en el once ideal de la Premier. Hacía 30 años, desde Andy Gray, del Aston Villa, que un futbolista no cosechaba los dos galardones. Son los primeros grandes premios de Ronaldo. Sabía que su temporada y la del Manchester había sido buena, pero con toda honestidad no pensaba poder ganar los dos trofeos porque tenía grandes rivales. Por eso cuando le comunican la noticia se sorprende y en la ceremonia de entrega de los trofeos está muy nervioso y emocionado.

Un acto que tiene lugar en un hotel de Londres. Lo acompañan su cuñado Zé, Jorge Mendes, Bobby Charlton, el hombre institución del Manchester United, y Alex Ferguson. El entrenador escocés es el encargado de anunciar el premio al mejor jugador del año. Empieza por el tercer clasificado, Paul Scholes, el segundo es Drogba y con una gran sonrisa dice: «the first place... the winner, Cristiano». Ronaldo con esmokin negro, pajarita y camisa blanca, se levanta de la mesa abraza a Zé y a Mendes y sube al escenario. Recoge el trofeo de manos de Ferguson y da las gracias a los compañeros de la asociación que lo han votado: «Los jugadores son los que mejor conocen la calidad de un futbolista». Después responde a las preguntas de la presentadora del acto.

—*¿Qué significa para usted este trofeo?*
—Es increíble y un gran honor para mí ganar trofeos como este en la Premier League. Me siento muy orgulloso. Estoy muy feliz. Gracias a todos, gracias a mi familia, gracias a mi equipo, gracias a mi entrenador...
—*¿Qué nos dice del fútbol inglés que usted ama tanto?*
—Sí, me gusta mucho, por eso he firmado por otros cinco años. Me encanta este fútbol. Creo que este es el mejor fútbol del mundo. Y me divierto mucho jugando aquí.

Nueve días antes, el 13 de abril, Ronaldo ha prolongado por cinco temporadas su contrato con el United. Los dirigentes de los *reds*, preocupados por la ofensiva del Real Madrid y del Inter, han decidido blindar a la estrella portuguesa. La presentadora le pregunta también a Ferguson, que no escatima en piropos a su jugador: «En estos momentos, pienso que es el mejor futbolista del mundo y en esta temporada ha sido increíble lo que ha hecho». Y llegan las últimas palabras de Cristiano: «Quiero seguir trabajando duro y mejorando porque estos trofeos ahora me dan más motivación».

La fiesta y la alegría acaban muy pronto. Un avión espera a Ronaldo y a toda la comitiva del Manchester United para regresar inmediatamente a casa. Dos días después, el 24 abril, en Old Trafford hay partido, nada menos que la ida de semifinales de la Champions League contra el Milan de Kaká. Ronaldo marca en el minuto 6 el primer gol, pero el Milan remonta. Kaká marca el 1-2. Finalmente, Rooney anota dos goles y el primer asalto acaba 3-2 para los *reds*. El 2 de mayo, en San Siro, gana el Milan por 3-0 y el United se despide de la Champions humillado y tiene que centrarse en la Liga, donde encabezan la tabla de clasificación.

A falta de dos jornadas para el final, el Manchester tiene cinco puntos de ventaja sobre el Chelsea de José Mourinho, que ha sido eliminado en semifinales de la Champions por el Liverpool de Rafa Benítez. El sábado 5 de mayo los de Alex Ferguson se enfrentan al primer escollo para ganar la Premier:

el derbi con el Manchester City, que ya no tiene grandes objetivos salvo darle un disgusto a sus vecinos. Pero esto no pasará. Ronaldo y Van der Sar lo impedirán. Rooney y Giggs están apagados, pero Cristiano enciende la luz en el estadio de Eastlands. Michael Ball le hace la vida imposible pero Ronaldo se las hace pagar en el minuto 34 de la primera parte cuando el lateral izquierdo del City lo derriba en el área. Penalti. Es el mismo CR7 el que se encarga de la trasformación. 0-1 para los *reds*. Un resultado que no cambiará hasta el final gracias a Van der Sar. El guardameta holandés, en el último momento del partido, para un penalti a Darius Vessel, ariete del Manchester City y el derbi es para el United.

Ronaldo ha firmado su gol número 17 en la Premier. Este tanto ha abierto las puertas al decimosexto título liguero del United, el primer gran trofeo de Cristiano. Un trofeo que de hecho gana la tarde del domingo sentado en un sillón delante de la tele. El Chelsea, segundo en la Premier, juega contra el Arsenal en el Emirates Stadium. Si pierde o empata, el United será campeón. Empieza marcando el Arsenal de penalti. El defensor del Chelsea que lo ha cometido, Khalid Boulahrouz, ve la tarjeta roja. Cristiano, su primo Nuno y su cuñado Zé están exultantes frente al televisor. Pero el partido no se ha acabado, los *blues* empatan gracias a un gol del Essien. Los últimos 20 minutos Ronaldo lo pasa muy mal. No quiere esperar a la semana siguiente para proclamarse campeón.

El Chelsea finalmente no puede ganar. El United es campeón. Ronaldo descorcha el champán. Llama a su madre, a sus amigos, recibe un montón de mensajes, de felicitaciones y corre al centro de la ciudad para festejar con el resto de compañeros. La fiesta dura hasta altas horas de la madrugada y prosigue el día después en el vestuario. Pero las celebraciones más emocionantes llegan después. El miércoles 9 de mayo en Stamford Bridge, los jugadores del Chelsea hacen el pasillo de honor al campeón. El United recupera la corona inglesa después de cuatro años de sequía. Acaba con el dominio de los *blues* que habían conquistado el título en 2005 y 2006. Han sido los mejores goleadores del torneo (83 tantos) y la segunda mejor defensa tras el Chelsea (26 goles encajados).

La apuesta de Ferguson por un juego ofensivo ha dado sus

frutos ante un Chelsea que se basa en un esquema sin fisuras y una defensa de hierro. *Sir* Alex consigue su noveno título y Ronaldo levanta su primera Premier League y lo celebra con la bandera portuguesa a la espalda, junto a su madre, su hermano Hugo, su primo Nuno y su cuñado Zé. Todos terminan empapados de lluvia y de champán antes de la foto de familia en el centro del campo. Ronaldo sonriente, levanta el pulgar arropado por los suyos.

La gran temporada

El atacante más devastador del mundo

$\mathcal{M}$oscú, estadio Olímpico Luzhniki, Chelsea y Manchester United, las dos superpotencias del fútbol británico, después de haber peleado hasta la última jornada de la Premier, que ha ganado el Manchester, se disputan la final de la Champions League. Es el 21 de mayo de 2008. En el minuto 26, Paul Scholes supera la defensa de los *blues*, Wes Brown centra y Cristiano Ronaldo con un remate de cabeza imperial supera a Petr Cech, 1-0. A sus 23 años, tras cinco con el Manchester, el chico de Madeira es ya una estrella. Ha seguido manteniendo las características de cuando era un chaval: sus carreras por las bandas, sus juegos de piernas, sus taconazos, sus sombreritos. Y ha ampliado su repertorio de extremo: marca con la izquierda, con la derecha, de falta, de cabeza. Remata y colabora con los compañeros. El escenario ruso, el escaparate de una final de Champions puede representar su consagración definitiva. Su ascensión al Olimpo. Lo sabe y lo ha dicho antes de esta final: «Para ser el mejor del mundo tengo que ganar trofeos como la Premier y la Liga de Campeones. Soy un vencedor y esta temporada sueño con los dos títulos».

Parece que así será. Cristiano ha abierto el marcador y deslumbra en su banda, pero Frank Lampard, a pocos segundos del descanso, aprovecha un rechace de la defensa del Manchester tras un disparo de Essien. Con mucha suerte, doble rebote y un resbalón de Van der Sar, empata el partido. Cambia la cara al espectáculo. Resurgen los *blues*. Makelele, Lampard, Ballack, Cole y Essien mandan en el campo. Se acumulan las ocasiones para el equipo dirigido por Avram Grant, el técnico israelí que ha tomado el relevo de José Mourinho, tras su marcha al Inter.

Drogba y Lampard lanzan el balón al poste, la final se transforma en un partido heroico y agónico. Prórroga, 120 minutos de juego y el resultado no cambia. Tanda de penaltis bajo una lluvia que no ha parado ni un segundo. Carlos Tévez es el primero en acercarse a los 11 metros. No falla. 1-0 para el United. Responde Michael Ballack: 1-1. Segundo penalti de la tanda: ni Michael Carrick, ni Juliano Belletti fallan. El tercer penalti le toca al número 7 del Manchester. Diez días antes, el 11 de mayo, Cristiano ha marcado de penalti el gol contra el Wigam que le dio al United su título de liga número 17. Pero esta misma temporada, apenas un mes antes, ha fallado la pena máxima en las semifinales de la Champions en el Camp Nou contra el Barcelona. Los comentaristas de las televisiones inglesas también recuerdan que Ronaldo no falló su penalti decisivo cuando Portugal eliminó a Inglaterra en el polémico mundial de Alemania. Ronaldo es ahora el jugador del momento. Ha marcado 42 goles en todas las competiciones que ha jugado ese año. Sabe que si gana la Champions puede ser Balón de Oro (Messi, eliminado en semifinales, ya no cuenta). Es el mejor jugador del mundo contra el mejor portero del mundo, el checo Cech y su casco protector.

Ronaldo besa el balón (igual que hizo ante Inglaterra), lo coloca con esmero en el círculo blanco. Pone las manos en la cintura, como siempre, baja la cabeza, respira hondo y espera el pitido del árbitro. Coge carrerilla y con una *paradinha*, más tirando a parada, intenta despistar a Cech, pero el portero checo adivina su intención y vuela para despejar el chut. Cristiano se cubre la cara con las manos y se va lentamente mientras Cech deja sitio a Van der Sar. El portugués está desesperado. Muchos grandes jugadores, en sus carreras, antes o después, han fallado un penalti decisivo. No hay más que recordar a Roberto Baggio, a Raúl, a Michel Platini, a Zico. Pero esto es demasiado para él. «Después de mi error, pensaba que íbamos a perder. Pudo ser el peor día de mi vida, pero mis compañeros a pesar de mi fallo creyeron en la victoria.»

Más que a sus compañeros, Ronaldo se lo tendría que agradecer a John Terry. Hasta que Terry toma el balón para lanzar el quinto penalti ninguno de sus compañeros del Chelsea ha fallado. Tampoco han fallado los que se han lanzado por parte del Manchester, salvo el de un atormentado Cristiano, que no puede mirar a la portería. Si Terry marca la Copa de Europa es para el Chelsea y Ronaldo se queda sin Balón de Oro y hundido en la desesperación. El capitán del Chelsea tiene en sus botas el triunfo, pero resbala bajo la lluvia de Moscú y falla. El Manchester iguala la tanda y, en el lanzamiento del séptimo penalti, Anelka falla y el Chelsea pierde el partido. Ronaldo no lo ha visto. Sus compañeros sí lo han visto y corren hacia la portería de Van der Sar. Cristiano se queda solo en el círculo central, llorando y pataleando en el suelo de felicidad. «Al final fue el mejor día de mi vida —confesará después—. Los penaltis son una lotería, pero nosotros merecimos ganar porque en el conjunto de los 120 minutos fuimos mejores.»

El Manchester United, 50 años después de la tragedia aérea de Múnich (el accidente que el 6 de febrero de 1958 sufrió el vuelo que traía de regreso a casa a la expedición del United tras su clasificación para las semifinales de la Copa de Europa, donde perdieron la vida veintitrés de los cuarenta y tres pasajeros), y 40 años después de su primera victoria en el torneo europeo (1968, con George Best de protagonista) se corona por tercera vez rey del fútbol continental. Un triunfo basado en la solidez defensiva y en la brillantez de Cristiano. El número 7, con ocho dianas, es el máximo goleador y el mejor jugador de la Champions League.

Ocho goles que han sido decisivos. El primero lo marcó el 19 de septiembre 2007 en el estadio José Alvalade contra su exequipo, el Sporting de Lisboa, en el partido inaugural del grupo F. Es la primera vez, desde que dejara el club en 2003, que se enfrenta a sus antiguos compañeros, de modo que cuando, tras un pase de Wes Brown desde la banda derecha, remata de cabeza al fondo de la red (será el 0-1 definitivo) no celebra el gol por respeto al Sporting. Desde las gradas han ovacionado su nombre cuando ha sido anunciado por la megafonía del estadio. El extremo portugués también se encuentra con el gol tres veces contra el Dínamo de Kiev. Dos goles, uno de penalti, en Ucrania, y el último del 4-0 en Old Trafford, que sella el pase del Manchester United a octavos de final. El 27 de noviembre Cristiano recibe los elogios de Ferguson. Ha marcado en el último minuto de falta directa al Sporting dando la victoria a su equipo. Y su entrenador declara: «El gol de Cristiano ha sido maravilloso. Ronaldo siempre quiere jugar bien ante su antiguo club. Le debe mucho al Sporting y le tiene mucho respeto. Ahí empezó a jugar en Europa con 18 años. Ahora ha madurado. Nosotros solo le hemos ayudado a crecer».

En octavos de final, es Cristiano el que ayuda al Manchester y no perdona a Gregory Coupet, el guardameta del Olympique de Lyon. En cuartos de final los *red devils* vuelven a verse las caras con la Roma de Francesco Totti y Luciano Spalletti, contra los que en la fase de grupos habían cosechado una victoria en casa y un empate en Italia. Esta vez en el Olímpico de Roma, partido de ida, la eliminatoria queda prácticamente sentenciada. Cristiano llega en carrera, supera en el salto a Casetti y con un cabezazo majestuoso remata al fondo de las mallas un servicio de Paul Scholes. Es su gol número 36 del año. Rooney en la segunda parte pondrá el 0-2 definitivo. La vuelta es una formalidad que sella un gol de Tévez. Ronaldo se queda en el banquillo. En el Camp Nou lo espera Lionel Messi.

Cristiano es la gran preocupación de la zaga blaugrana. Explica Gianluca Zambrotta: «Hay que intentar prevenir lo que va a hacer Cristiano Ronaldo. Tiene un talento semejante al de Messi y su equipo le busca para crear situaciones de superioridad. No es fácil combatirle porque llega al área desde sitios distintos, domina muchas facetas del juego y es muy participativo. Hay que estar muy concentrado porque su juego de piernas es muy rápido y le gusta jugar con la pelota. No le paras en el uno contra uno si no recibes ayudas con las coberturas de los centrales o del medio centro. Lo mejor sería que no tocara el balón».

Y Messi genera el mismo temor en la defensa del United. Temen que pueda explotar su velocidad, temen el uno contra uno del pequeño argentino, estudian cómo pararle antes de que se escape con sus regates eléctricos. Barcelona y Manchester United llegan invictos a la semifinal del 23 de abril, pero con situaciones muy distintas: si los *reds* están arrasando, los blaugrana se agarran a la Champions tras dos temporadas muy grises. Delante de los 96.000 espectadores del Camp Nou, Cristiano Ronaldo se estrena a lo grande. Sus primeras intervenciones provocan una falta, un córner y un penalti. No han pasado ni dos minutos desde que Massimo Busacca haya pitado el comienzo del partido y CR7 coloca ya el balón en punto de penalti. Gabriel Milito ha puesto la mano cuando el mismo Ronaldo ha rematado de cabeza a la salida de un córner. Cristiano delante de Víctor Valdés. Resopla el portugués, se fija en el portero adversario. Golpea y falla.

Messi tampoco puede marcar. Viene de una lesión y se ofrece al equipo intentando buscar soluciones de ataque hasta que se le acaba la gasolina. A falta de media hora para el final tiene que dejar su sitio a Bojan. Y su salida desenchufa a Ronaldo. El partido se queda sin los dos artistas, sin los dos jugadores más desequilibrantes del planeta fútbol y se vuelve más previsible y aburrido. El Barça domina pero no tiene pegada y choca contra la defensa de los *reds*, que se van de la Ciudad Condal con un 0-0. La semifinal se decidirá en Old Trafford, donde gana el Manchester gracias a un solitario gol de Paul Scholes.

Y en Moscú pasó lo que pasó. La copa de las grandes orejas cae en manos de Ronaldo, final perfecto para su mejor temporada. La temporada de su consagración. Ha conseguido 42 goles. Es el máximo goleador de la Premier con 31 tantos anotados, por delante de Adebayor y Fernando Torres, que se han quedado en 24. El 12 de enero de 2008 contra el Newcastle ha conseguido su primer *hat-trick* con el United. El 18 de marzo Alex Ferguson le entrega el brazalete de capitán, es el más veterano en el campo, y contra el Bolton marca dos goles. El 15 de noviembre contra el Stoke City, marca otros dos tantos y supera la barrera de los 100 goles con el United. Y consigue los siguientes trofeos: Charity Shield, Mejor Jugador del Año (segundo consecutivo), Premier League (el United termina con 87 puntos, dos más que el Chelsea y cuatro más que el Arsenal) y Champions: «Nadie podría discutir legítimamente que Ronaldo se ha convertido en el atacante más devastador del mundo», escribe *The Guardian* en un balance del campeonato 2007-2008. Nadie lo discute.

Balón de Oro

Una victoria anunciada

Sobre los 480 posibles, 446 votos conseguidos. Cristiano Ronaldo es el único de los 30 jugadores nominados al premio que figura en las 96 papeletas de los jurados. Supera por goleada a Lionel Messi, que es segundo con 281 votos. El argentino ha hecho una gran temporada pero no ha ganado ningún título de importancia con el Barcelona. Su único triunfo lo ha sumado con la albiceleste proclamándose campeón olímpico en Pekín. Tercero, con 179 puntos, es Fernando Torres, que en su primera temporada en Liverpool ha sumado 24 goles y es, además, el autor del tanto que dio el segundo título europeo a *la Roja* en la final de Viena contra Alemania. Cristiano es el primero de la clase en 2008.

De Pekín hasta Los Ángeles, los periodistas llamados a votar el Balón de Oro de *France Football*, la revista deportiva francesa que concede el título desde 1956, no tienen dudas. A pesar de no brillar en la Eurocopa, a pesar de sus extravagancias fuera del terreno de juego es el ganador sin discusión del trofeo gracias a los 31 goles marcados en el campeonato inglés que le han consagrado como Bota de Oro y los dos títulos conseguidos con el Manchester United: Premier League y Champions.

Segundo en 2007, detrás de Kaká y delante de Leo Messi, decimocuarto en 2006, vigésimo en el 2005, duodécimo en el 2004, Cristiano con solo 23 años se consagra como el quinto futbolista más joven en ganar el trofeo detrás de Ronaldo Nazario da Lima que lo consiguió con 21 años en 1997. George Best (1968) y Michel Owen (2001) lo ganaron con 22 años, y Oleg Blokhin (1975) con 23 años y un mes. Ronaldo es el cuarto jugador de los *reds* en ganar el Balón de Oro, después de Denis Law (1964), Bobby Charlton (1966) y George Best (1968). Es el tercer portugués después de Eusebio (1965) y de Figo (2000) en levantar el título. El presidente de Portugal, Aníbal Cavaco Silva, lo felicita: «Ronaldo ha ayudado a proyectar internacionalmente el nombre del deporte portugués y constituye un significativo estímulo para muchos jóvenes deportistas del país».

Ronaldo es el primer futbolista que milita en la Premier que consigue el Balón de Oro después de Owen en el 2001. Es el martes 2 de diciembre de 2008 cuando *France Football* anuncia, con un comunicado en su página web, al ganador de la 53 edición del Balón de Oro y publica un número especial dedicado a Cristiano. La de Ronaldo es una victoria anunciada. Desde Zidane («Es el favorito. Ha ganado Liga y Champions siendo el máximo goleador») hasta Kaká («Lo merecía, ha sido una pieza fundamental en las victorias del Manchester»). Desde Fabio Cannavaro («Que gane él me parece obvio») pasando por Ibrahimovic («Yo se lo daría aunque no ha hecho un gran europeo») y llegando hasta Fernando Torres («Es una máquina de hacer goles»). Todos en el mundo del fútbol apostaban por el portugués. Y también el mismo Cristiano está convencido de que el 2008 es su año. Lo reivindica pocos días antes de la ceremonia en *La Gazzetta dello Sport*: «Creo que he hecho más que ningún otro para conseguirlo, sinceramente, y tengo mucha confianza en conseguirlo».

Sobre los otros rivales admite que «hay otros dos o tres que se lo merecen. Pero si se valora lo que cada uno ha hecho a lo largo de la temporada, considero que he hecho más que todos los demás. ¿Qué habría tenido que ganar, además de la Premier y la Liga de Campeones, para obtener el Balón de Oro?». A la pregunta retórica, el periodista le recuerda la Eurocopa, un desafío que a Cristiano le hacía ilusión y que ha jugado con un gran dolor en el tobillo («Era como tener un cuchillo clavado. No quiero volver a sentir lo mismo, era torturante, incluso psicológicamente.») para cumplir el compromiso con su país y su seleccionador Luiz Felipe Scolari. En la Eurocopa, la selección de Portugal fue eliminada en cuartos por Alemania, pero como se vio no fue determinante para elegir al ganador del Balón de

Oro. España fue la campeona y solo Fernando Torres se cuela en tercera posición. Otros tres jugadores españoles quedan entre los 10 primeros: Iker Casillas, Xavi Hernández y David Villa ocupan respectivamente los puestos cuarto, quinto y séptimo. Como escribe Michel Dubois, el jurado belga de *La Dernière Heure*: «Puede que Cristiano Ronaldo haya fallado en el partido de cuartos de final de la Eurocopa, pero todo el resto le ha salido de maravilla». Tanto que la mayoría de los votantes (77 de 96) lo eligen como número uno. Ronaldo recibe la noticia del éxito en la votación justo el día anterior al anuncio, o al menos eso dice *France Football* para justificar que, a diferencia de los años anteriores, la portada de su número especial no lleve una foto de Cristiano con el Balón de Oro. Para recibir el premio, Ronaldo tiene que esperar al domingo 7 de diciembre cuando vuela a París acompañado de toda su familia. La ceremonia es retransmitida en directo por la TF1 francesa. Cristiano aparece con traje y corbata oscura, camisa bicolor blanca y gris y cresta engominada. Recibe el trofeo de la mano de Denis Chaumier, director de *France Football*. Está emocionado, se disculpa por el retraso debido al avión y al atasco en la capital francesa, después mira el balón, lo levanta y dice que es espectacular, muy bonito y añade que está muy feliz. Cuenta que «como toda la gente sabe el Balón de Oro es un sueño que tengo desde que era niño, por eso estoy muy emocionado y aprovecho este momento maravilloso para dedicar el trofeo a mi familia que está aquí». Se da la vuelta y señala a su clan. «Lo dedico a mi madre, a mi padre, a mis hermanas Elma y Catia, a mi hermano Hugo, a mi amigos más cercanos Rodrigo, Zé, a Jorge Mendes, mi representante... Es difícil... tenía toda una lista de personas a quien dar las gracias pero estoy emocionado.»

Y lo estará todavía más después de contemplar un vídeo con elogios de Patrick Evra, Kaká, Nicolas Anelka, Karim Benzema, Samuel Eto'o, Luis Figo, Luiz Felipe Scolari, Alex Ferguson, Elma Aveiro, su hermana, Fernando Sousa, su padrino, y María Dolores, su madre, que cierra el homenaje al Balón de Oro 2008 con una enorme sonrisa y una frase: «Estoy orgullosa de ti. Eres el mejor hijo del mundo. Besos». La cámara, en directo, busca a la madre del campeón entre el público. Está llorando.

Pero las sorpresas para CR7 no se acaban ahí. Aparece en el plató Alex Ferguson. El entrenador dice: «Cristiano se lo merece y el club está encantado con este nuevo éxito. El Manchester United esperaba este momento desde hace cuarenta años. Ronaldo es bueno, muy bueno. Ha madurado tan deprisa que ni yo mismo lo podía imaginar cuando vino con nosotros hace cinco años. Lo que más me gusta de él es su bravura y su coraje. El coraje en el fútbol es como en la vida. Se reconoce de varias maneras. El coraje de no perder el balón independientemente de ser cazado por el contrario. Eso es algo innato en él. No tiene miedo. Pocos jugadores he visto tan valientes. El que cree que tener coraje en el fútbol es robar el balón al contrario se equivoca. Tener coraje es tener el balón, quererlo y jugarlo. Es un coraje moral y solo los grandes lo tienen. Cristiano Ronaldo es uno de ellos. Y tiene solo 23 años y lo mejor de su carrera está por llegar».

Después de una alabanza tal, a Cristiano solo le queda afirmar que en el Manchester United se siente como en casa. Y concluye diciendo: «Soy ambicioso, tengo un carácter fuerte y quiero seguir, como hicieron los mejores jugadores, ganando trofeos colectivos e individuales». El 21 diciembre de 2008 llega otro trofeo colectivo. Cristiano Ronaldo y el United levantan en Yokoama la copa del Mundialito de Clubes de la FIFA. El Manchester United gana 1-0 (gol de Wayne Rooney, minuto 72) la final contra el Liga de Quito, campeón de la Copa Libertadores. Y el 12 de enero Ronaldo ratifica su condición de mejor futbolista del mundo con el FIFA World Player. Los seleccionadores y capitanes de 155 equipos nacionales confirman con sus votos el Balón de Oro de *France Football*. En la Opera House de Zurich la gala empieza con la presentación de los cinco candidatos al premio final. Pasan las imágenes de las diabluras de Kaká, ganador en 2007, de Leo Messi, de Cristiano, de Fernando Torres y de Xavi Hernández.

El honor de presentar al ganador recae sobre Pelé. Sube al escenario, se tropieza con un escalón y delante del micrófono empieza a abrir el sobre con el nombre del ganador. Confiesa que está más emocionado que los candidatos sentados en la platea. Abre el sobre, mira el nombre, pero antes de revelarlo al público dice que tiene que contar una historia: «El año pasado entregué el premio a Kaká, despúes estreché la mano a Cristiano Ronaldo y, en portugués, le dije "la próxima vez te lo entregaré a ti"». Levanta la tarjeta y en voz baja dice solo: «Cristiano Ronaldo». El número 7 sonríe, se levanta, se abrocha los botones de su americana oscura y sube al escenario. Abraza a *O Rei* y levanta el trofeo 2008. Otro vídeo de gestas y le toca hablar. Aparta de la mesa blanca el sobre que ha abierto Pelé, levanta los micrófonos y se dirige al auditorio en portugués: «Es un momento muy especial de mi vida, muy emocionante, tengo que agradecérselo en primer lugar a mi madre, a mi padre y a toda mi familia y amigos, a José… No tengo que decir sus nombres, ellos saben quienes son. Se lo dedico también a mis compañeros de equipo. Sin ellos no habría podido ganar el trofeo que está aquí *(lo mira sonriendo)*. Soy muy feliz, hoy es uno de los días más felices de mi vida. Espero volver alguna vez». Aplausos de la platea. A continuación la presentadora, Silvie van der Vaart, mujer de Rafael, exjugador del Real Madrid y hoy del Tottenham Hotspur, proclama: «Cristiano Ronaldo FIFA World Player 2008. Ha ganado el título con 935 votos frente a los 678 de Messi, los 203 de Torres, los 183 de Kaká y los 155 de Xavi». Es, como dice Silvie: «*The best football-player in the world*».

Roma

El mejor partido posible

*D*ice Ryan Giggs: «Es una final de ensueño. United y Barcelona son dos grandes clubes, con una gran historia, juegan un fútbol maravilloso y tienen grandes individualidades». Tiene razón el galés que con los *red devils* ha ganado dos finales de Champions contra el Bayern de Múnich y contra el Chelsea. El 27 de mayo de 2009 en el estadio Olímpico de Roma, entre Barcelona y Manchester United, se juega el partido que la Europa futbolística esperaba, el mejor posible entre los dos equipos que ofrecen el espectáculo más bonito del continente. Una final que pone uno frente al otro, al Manchester, campeón de Liga y ganador de la Premier 2008-2009, y al Barcelona, actual campeón de Europa y del 2006. Una final que enfrenta a *sir* Alex Ferguson y a Pep Guardiola, uno nacido en 1941, el otro en 1971; uno con experiencia y un exitoso historial, y el otro, la revelación de la temporada.

Una final que enfrenta también a dos grupos plagados de grandes jugadores. Merece recordar las formaciones. Barcelona: Valdés, Puyol, Touré, Piqué, Sylvinho, Busquets, Xavi, Iniesta, Eto'o, Messi y Henry. Manchester United: Van der Sar, O'Shea, Vidic, Ferdinand, Evra, Park, Anderson, Carrick, Rooney, Giggs y Cristiano Ronaldo. Una final que los medios de comunicación venden como el gran duelo entre Cristiano Ronaldo y Leo Messi. CR7 no está de acuerdo y en la vigilia del encuentro precisa: «Messi es un gran jugador, pero mañana juegan el Barcelona y el Manchester United».

Leo es de la misma opinión: «Sería irrespetuoso para dos grandes equipos, los que mejor juegan al fútbol en este momento. Dos equipos que tienen muchos otros jugadores que podrán ser decisivos». Pero Cristiano contra Leo es el tema de discusión y sobre el asunto interviene también un Alex Ferguson que no sabe decidirse: «Son los dos fantásticos, atacan a los defensas continuamente, pero físicamente son distintos. En definitiva, es muy difícil decir quien es el mejor».

Pero la prensa sostiene que, en Roma, entre CR7 y *la Pulga* se disputa el Balón de Oro 2009. «Si uno gana, tendrá más oportunidades —afirma Ronaldo—, pero no me importa, lo que más deseo es ganar la Champions League.» Sería su segunda consecutiva y como dice él «entraría en la historia». Ningún equipo, desde que se creó la Liga de Campeones, ha repetido título. Cristiano viene de una temporada más que satisfactoria. Ha disputado 53 partidos y ha marcado 26 goles (18 en la Premier y cuatro en la Champions). El Manchester, antes de llegar a Roma, ha revalidado el título de Campeón de Inglaterra con cuatro puntos de ventaja sobre el Liverpool y el 1 de marzo ha conquistado en Wembley, contra el Tottenham, la Copa de la Liga. Lo único que se le ha escapado es la FA Cup, por penaltis, en una semifinal contra el Everton. No ha sido, para Cristiano, un año tan brillante como el anterior, pero es el vigente Balón de Oro y quiere demostrar que es todavía el número uno frente al ascenso de Messi, que ha marcado ocho goles en Champions, 23 en la Liga y ha sido determinante para el Barça en la conquista del alirón liguero y de la Copa de Rey. Y el balón empieza a rodar en el Estadio Olímpico de Roma.

Minuto 1. Yaya Touré para la progresión de Anderson. Primera falta del partido. Muy lejos de la portería del Barça. Más de 32 metros. Cinco pasos atrás como de costumbre, balanceo sobre la pierna izquierda y Cristiano Ronaldo dispara. La pelota gira, da en el pecho de Víctor Valdés, que no la retiene. Córner. CR7 se echa las manos a la cabeza.

El Manchester aprieta, sale presionando muy arriba, y el Barça no encuentra su sitio en el campo. Ronaldo ofrece un recital. Es la punta de lanza de los *reds*.

Minuto 7: disparo de Cristiano desde 35 metros que sale a dos metros del marco de Valdés.

Minuto 8: zurdazo de Ronaldo después de una jugada por la izquierda de Anderson y Evra. El rebote le cae a CR7. Fuera. No muy lejos del palo derecho del Barça. Los blaugrana parecen estar contra las cuerdas. No es así.

Minuto 10: Eto'o supera a Vidic dentro del área y con un punterazo bate a Van der Sar. 1-0.

Minuto 13: un pase equivocado de Messi activa el contragolpe del Manchester. Un balón largo y Cristiano se marcha hacia la portería. Gerard Piqué lo para con el cuerpo. Falta y tarjeta amarilla para el blaugrana.

Minuto 18: aparece Messi, que Pep Guardiola ha puesto como falso número 9, para sacar a los centrales ingleses de su posición. Un hecho, como dirá Ferguson, «que nos ha sorprendido y nos ha dificultado mucho su marca». La Pulga parte de la derecha, busca el centro y desde 30 metros suelta un zapatazo: alto, fuera por muy poco.

Minuto 20: Cristiano pide perdón. Ha dejado atrás a Touré con sus bicicletas pero ha buscado la conclusión desde una mala posición. Demasiado cruzado. Un pase a Wayne Rooney podría haber sido una estupenda solución.

Minuto 22: saque de esquina del United. Giggs la pone en el segundo palo. Cabezazo de Cristiano. El balón pasa por encima del larguero. Es el sexto remate del número 7 en 22 minutos. Parece dispuesto a ganar el partido él solito.

Minuto 36: Touré tapona una carrera de Cristiano.

Minuto 41: esta vez es Valdés el que sale del área para parar en seco una carrera del portugués, lanzado como una locomotora.

Minuto 42: Ferguson manda cambiar posiciones entre Rooney y Ronaldo. El portugués se coloca por la derecha, Rooney es el nueve y Giggs sube por la izquierda. Pero las cosas no cambian, el Barça manda.

Minuto 44: gran jugada de Messi, que sale de los tres cuartos de campo, se escapa de todos y casi desde la línea de fondo saca un centro-chut que pone en apuros a Van der Sar.

Minuto 46: Cristiano vuelve a ser el 9 junto a Carlos Tévez, que acaba de entrar en el terreno de juego.

Minuto 55: gran pase de Rooney. Ronaldo no llega a rematar por un pelo. Sigue mandando el Barcelona. Xavi ha enviado una falta al palo derecho de la portería del United.

Minuto 59: otro fuera de juego de Ronaldo que estaba intentando hacerse con un pase por la banda izquierda de Michael Carrick. Minuto 65: Cristiano estropea un contragolpe del United. Se equivoca en la diagonal hacia el centro. Minuto 68: balón largo de Carrick, buscando a CR7 por la izquierda. El número 7 se desespera.

Y llega el minuto 70, cuando *la Pulga* trepa hacia el cielo romano. El más pequeño (1 metro y 69 centímetros, vale la pena recordarlo) se convierte en el más grande. Xavi recupera la pelota después de un rechace en corto de la defensa inglesa, se acerca al área, alza la cabeza y propone un centro con rosca. Suave y preciso. Messi, a la espalda de los centrales, vuela alto, muy alto, y de cabeza la cruza al palo contrario del portero. Es el 2-0 final.

Minuto 72: Víctor Valdés gana la mano al portugués en un remate a bocajarro que podía acortar distancias. Un paradón del portero blaugrana.
Minuto 73: Massimo Busacca, el árbitro, perdona una tarjeta a Cristiano, que barre a Puyol. Una patada de impotencia.
Minuto 78: Cristiano está cansado y aburrido. Discute con Rooney y, desquiciado, recibe una tarjeta amarilla por sacar el brazo a Puyol cuando no tenía ninguna opción de alcanzar el balón: una falta inútil sobre Carles Puyol.
Minuto 90+3: el Barça gana su tercera Copa de Europa.

En el campo los blaugranas festejan. El primero que abraza a Guardiola es Leo Messi. ¿Cristiano Ronaldo? No ha podido ganar la final, ni hacer historia como quería. Cuando sube al palco para recibir la medalla de las manos de Michel Platini, el presidente de la UEFA, recibe una sonora pitada. Los hinchas azulgrana lo ven ya como un símbolo del Real Madrid. Después, dolido y ya trajeado, dirá: «No era un partido entre Messi y yo, pero su equipo ha sido mejor que nosotros y él también porque ha marcado». Leo Messi besa la copa de las grandes orejas, la abraza, la adora, la lleva de paseo por el campo y festeja con sus compañeros, amigos y familia. «Me siento el hombre más feliz del mundo.» Cristiano, tiempo después explicará: «Estaba hecho polvo aquella noche. A punto de llorar en el campo delante de millones de telespectadores. Odio perder y sobre todo una final como aquella». Una final que es su último partido con la camiseta del Manchester United.

94 millones de euros

Orgulloso de ser el futbolista más caro

«*E*l Manchester United ha recibido una oferta, incondicional y de récord mundial, de 80 millones de libras por Cristiano Ronaldo de parte del Real Madrid. A petición de Cristiano, que ha vuelto a expresar su deseo de abandonar el club y después de una conversación con los representantes del jugador, el United ha llegado a un acuerdo con el Real Madrid que le permite hablar directamente con el jugador. Se espera que las conversaciones concluyan hacia el 30 de junio. El club no hará más comentarios hasta entonces.» 11 de junio de 2009, a las 9.30 de la mañana, hora inglesa, el United, con este comunicado en su página web oficial, dice «sí» a la oferta de 94 millones de euros lanzada por el club de Chamartín. El Real Madrid, poco después, con otro comunicado oficial, confirma que ha «realizado una oferta al Manchester United para la adquisición de los derechos del jugador Cristiano Ronaldo». Y que «espera alcanzar un acuerdo con el jugador en los próximos días».

Cristiano se entera de la noticia a las dos de la madrugada en Los Ángeles, donde está de vacaciones. Jorge Mendes lo llama para ponerle al tanto de lo ocurrido. Lo primero que hace Cristiano es llamar a su madre, que nunca ha escondido el deseo de que su hijo pudiera jugar en el Real Madrid. Poco después llega la primera declaración del futbolista: «He vivido mi momento en el Manchester United. Ahora estoy impaciente por iniciar con el Real Madrid una nueva etapa en mi carrera. Este acuerdo es histórico. 80 millones de libras es una gran suma de dinero». Sí, es de verdad una gran cantidad de dinero, la más grande que se ha pagado por un futbolista. Cristiano lidera la lista de los fichajes más caros de la historia hasta ese momento. Veámosla:

1) Cristiano Ronaldo, del Manchester United al Madrid (2009):
94 millones de euros.
2) Zinedine Zidane, de la Juventus al Real Madrid (2001):
75 millones.
3) Kaká, del Milan al Real Madrid (2009):
65 millones.
4) Luis Figo, del FC Barcelona al Real Madrid (2000):
61 millones.
5) Hernán Crespo, del Parma al Lazio (2000):
56 millones
6) Gaizka Mendieta, del Valencia al Lazio (2001):
48 millones.
7) Rio Ferdinand, del Leeds United al Manchester United (2002):
47 millones.
8) Andrey Shevchenko, del Milan al Chelsea (2006):
46 millones.
9) Juan Sebastián Verón, del Lazio al Manchester United (2001)
46 millones.
10) Ronaldo Nazario da Lima, del Inter al Real Madrid (2002):
45 millones.

A los 94 millones hay que sumar los trece millones de euros anuales que ganará Cristiano y los diez millones de euros que cobrará, en concepto de comisión, Jorge Mendes, el agente del jugador. El Real Madrid fija la cláusula de rescisión del contrato en 1.000 millones de euros. Todas las cifras son grandiosas y suscitan un tumulto de reacciones, comentarios, algunos críticos y en general de asombro.

Gordon Brown, el primer ministro británico, declara a la BBC: «Cristiano Ronaldo es uno de los jugadores más brillantes del mundo. Creo que la gente estará triste por no verle jugar en Inglaterra, pero conozco bien a Alex Ferguson y sé que tiene planes para reconstruir y renovar al equipo». El ministro de Deportes, Gerry Sutcliffe, celebra «el gran negocio» que supone el traspaso para el United y habla de la política de fichajes del Madrid: «Vimos que el Real gastaba hace poco 63 millones de euros en Kaká y escribimos una carta a la Premier League y a la Football Association porque existe una preocupación generalizada por la sostenibilidad de la industria del fútbol. Hay grandes negocios y mucho dinero, pero debemos asegurarnos de que son viables porque no queremos ver a los clubes contra la pared».

«Estos traspasos son un serio desafío a la idea de juego limpio y equilibrio financiero de la competición», declara Michel Platini, presidente de la UEFA, que considera excesiva la oferta del Real Madrid y «muy desconcertante en un momento en que el fútbol se enfrenta a problemas económicos cada vez peores». Joseph Blatter, el presidente de la FIFA, al contrario, bendice estas operaciones: «Son magníficas inversiones porque la crisis es mundial pero el fútbol sigue en alza». Idea que comparte Mark Hughes, mánager del Manchester City: «Estimulará el mercado», sentencia. Y añade: «El Manchester United debe celebrar el buen negocio que ha hecho. Alex Ferguson ha debido pensar que se trata de algo bueno para el club. Hay que respetarlo».

Adriano Galliani, directivo del Milan, el club que traspasó a Kaká al Real Madrid, está convencido de que «el fichaje de Cristiano constituye el enésimo ejemplo de que el fútbol español, gracias a su fiscalidad, se ha convertido en el más fuerte de Europa». Jaume Ferrer, vicepresidente del Barcelona y responsable del área de márketing, asegura que «ningún jugador del mundo vale 94 millones de euros» y califica la cifra de irreal. «Está fuera del mercado. Cuando se pagan cantidades tan grandes esto hace que otros clubes también puedan pedir cantidades enormes. Puede haber una fuerte inflación del mercado», agrega Ferrer. Jaime Lissavetzky, secretario de Estado para el Deporte, se lava las manos: «Los precios astronómicos que se pagan por algunos jugadores pertenecen al ámbito privado de los clubes, ya que no repercuten en las arcas públicas».

Florentino Pérez, el presidente del Real Madrid, el hombre que ha agitado el mercado con el fichaje de Kaká, el Balón de Oro de 2007, de Cristiano, el Balón de Oro de 2008, y pocos días después con el del delantero francés Karim Benzema (35 millones de euros) cierra el debate y proclama: «Estos fichajes que parecen los más caros son luego los más baratos». Según el máximo responsable del Real Madrid, Ronaldo y Kaká son, junto con Messi, los jugadores que generan los ingresos más grandes. «Cristiano es una postal futbolística. Pagamos lo que pagamos porque los vale, los devuelve y con intereses. Son inversiones de un club que está en la industria del espectáculo», dice Jorge Valdano, en aquel entonces director general del Real Madrid. «Tener a Cristiano Ronaldo o Kaká nos permite convertir el mundo entero en un mercado y esto, en un momento de crisis, nos garantiza un potencial económico que de otra manera no podemos tener.»

Sí, en el club, todos están de acuerdo: CR7 y los otros futbolistas millonarios son capaces de convencer a las compañías de que invertir en el Madrid sigue siendo rentable. El Madrid los empleará en renegociar al alza los contratos comerciales con Coca-Cola, Audi, Adidas, Telefónica y Mahou o la venta de zonas VIP del Bernabéu. Los directivos están convencidos que los 94 millones gastados en Ronaldo, financiado en gran parte con los créditos concedidos por los bancos (Caja Madrid y el Banco Santander que, como garantía, se quedan en prenda los contratos y derechos audiovisuales del Real Madrid) son una inversión que dará sus frutos gracias a los ingresos por venta de entradas, a las giras veraniegas, a los derechos televisivos (700 millones por los próximos cinco años) y a los patrocinadores (solo Bwin, agencia de apuestas en Internet, pagará en los próximos tres años 30 millones de euros por poner su logo en la camiseta blanca).

En el 2003, la llegada de David Beckham a la corte de Florentino supuso un incremento hasta ese momento desconocido de los ingresos en el Real Madrid: el 137 por ciento en *merchandising*. Con Cristiano Ronaldo se calcula que el club podría aumentar sus ingresos de 400 a 500 millones anuales. Hay que recordar que el Madrid, según un estudio de la firma de auditores Deloitte, es en ese momento el club con más ingresos del planeta, con una facturación de 366 millones en 2008. Y sobre todo no hay que olvidar que Florentino Pérez, en su primera etapa en la presidencia del club (2000-2006), con los fichajes galácticos de Zinedine Zidane, Luis Figo, David Beckham, Michael Owen y Ronaldo Nazario da Lima había conseguido aumentar los ingresos de 100 a 300 millones anuales brutos.

En esta segunda etapa, el gran Florentino ha regresado al vértice del club como un héroe, como el salvador de la patria, y quiere aplicar la misma filosofía ganadora. Está convencido de que no hay otra alternativa para hacer frente a las amenazas de crisis económica que fichar estrellas como Cristiano, un jugador con un gran poder de persuasión. Pero hay que decir que en este caso el máximo mandatario blanco cierra un trato que había puesto en marcha Ramón Calderón, su enemigo y su antecesor en la Casa Blanca. Los 80 millones de libras, en efectivo y pagaderos de una sola vez, no son más que el cumplimiento de una de las cláusulas del contrato que los dos clubes firmaron en el 2008, cuando acordaron que el United estaba obligado a vender a Cristiano a partir del 1 de julio 2009 si se mantenía la oferta. Es la condición pactada en la cláusula de rescisión que firmó Ronaldo con el Manchester. Sirvió para liberar al portugués de un contrato y comprometerlo a sellar uno nuevo.

Florentino, que desde el primer momento había declarado que Cristiano era una prioridad, recoge los frutos de la antigua junta directiva y cierra la *Operación CR7*. Un culebrón que empezó en el verano del 2006 cuando, después de lo ocurrido en el Mundial de Alemania con Wayne Rooney, Cristiano Ronaldo dudó en regresar a Inglaterra y pensó, seriamente, en vestir la camiseta blanca. Un fichaje que empezó a gestarse mucho antes. Rebobinamos la película desde enero de 2007 hasta junio de 2009:

4 de enero de 2007. La prensa española anuncia que Cristiano Ronaldo puede fichar por el Real Madrid en el mercado de invierno. Ramón Calderón, Pedja Mijatovic, el director deportivo del club, y Fabio Capello, el entrenador, están de acuerdo en hacer un esfuerzo para conseguir al nuevo Ronaldo. El Manchester United no quiere desprenderse de su joya que en el mes de febrero cumple 22 años y está tasado en setenta millones de euros. Pero el Madrid no se asusta de la posición de los *reds* y estaría dispuesto a desembolsar cuarenta millones.

27 de enero de 2007. Alex Ferguson: «Vendemos a los jugadores que queremos vender y de ninguna manera Cristiano Ronaldo se va a marchar».

29 de enero de 2007. Ronaldo: «Sé que hay interés del Real Madrid pero no puedo hablar de ello. Alex Ferguson y Carlos Queiroz me han prohibido hablar del Real Madrid».

16 de febrero de 2007. Ferguson asegura que tiene confianza en que el United retendrá a Ronaldo.

19 de febrero de 2007. El presidente del Inter, Massimo Moratti, declara su interés por el jugador.

8 de marzo de 2007. Ronaldo: «Todo el mundo sabe que me encanta España. Me gustaría jugar allí algún día. Quizá lo haga en dos, tres, cuatro o cinco años. Ahora estoy en un gran club».

13 de abril de 2007. CR7 firma un nuevo contrato por cinco temporadas con el Manchester United.

11 de enero de 2008. David Gill, presidente ejecutivo del United: «De ninguna manera vamos a venderlo. No importa el dinero».

22 de enero de 2008. María Dolores, la madre de Ronaldo, dice que se «moriría feliz» si su hijo fichara por el Real Madrid y tiempo después se deja fotografiar luciendo la camiseta blanca.

23 de enero de 2008. Pedja Mijatovic: «Lo veo como un fichaje imposible».

2 de abril de 2008. Bernd Schuster, nuevo entrenador del Real Madrid: «Con este tipo de asuntos, lo mejor es ser realista. Cristiano Ronaldo ahora mismo es el mejor del mundo. Pero no creo que el Manchester United lo vaya a vender».

15 de abril de 2008. Mijatovic: «Queremos que Cristiano sea el emblema del Madrid».

16 de mayo de 2008. Ronaldo: «He dicho miles de veces que tengo un sueño: jugar en España. A veces tus sueños nunca se hacen realidad pero yo sigo soñando. Estoy contento en el Manchester United pero en el futuro nadie sabe qué va a pasar».

23 de mayo de 2008. Ferguson condena la falta de ética del Real Madrid y compara al club con la dictadura de Franco.

25 de mayo de 2008. La prensa española desvela la oferta del Real Madrid: 9,5 millones de euros netos a Cristiano y 80 millones de euros al Manchester United.

27 de mayo de 2008. El United amenaza con emitir una queja a la FIFA por el comportamiento «totalmente inaceptable» del Madrid hacia Ronaldo.

9 de junio de 2008. El Manchester denuncia al Real Madrid ante la FIFA.

19 de junio de 2008. El Real Madrid dice que espera a que Ronaldo haga el primer movimiento que les permita comenzar negociaciones con el Manchester United.

19 de junio de 2008. Tras la derrota de Portugal ante Alemania en la Eurocopa, Ronaldo confiesa a los medios: «Hay grandes posibilidades [de que fiche]; el tren [del Madrid] pasa una vez en la vida y todos, incluido el Manchester, saben lo que quiero y con lo que soñamos mi familia y yo».

20 de junio de 2008. El United reitera que Ronaldo no está a la venta. Comunicado de prensa del Manchester: «Ronaldo ha sido vinculado en repetidas ocasiones con el Real Madrid. Sin embargo, el club confirma su postura y no escuchará ofertas».

4 de julio de 2008. 85 millones de euros es la última oferta del Real Madrid.

5 de julio de 2008. El Manchester, según la prensa española, pide 100 millones para dejar salir a Cristiano.

9 de julio de 2008. El presidente de la FIFA, Joseph Blatter, afirma que el United debería dejar marchar a Ronaldo y compara los fichajes de los jugadores con la «esclavitud». Una palabra que utilizará el mismo Cristiano.

18 de julio de 2008. Ferguson asegura que Ronaldo se queda en el United.

5 de agosto de 2008. El Real Madrid ficha a Rafael van der Vaart. Se dice que el club ha dejado de pretender a Ronaldo.

6 de agosto de 2008. Ronaldo al diario portugués *Público*: «Puedo confirmar que la próxima temporada jugaré en el Manchester United. Alex Ferguson ha escuchado mis razones. Yo la suyas, y quedarme en Inglaterra es la mejor solución para mí. Y antes que alguien diga que jugaré aquí sin ser feliz quiero aclarar una cosa: quien lo diga o lo escriba es un mentiroso. Jugaré con el corazón, daré el máximo por el Manchester y honraré la camiseta como siempre he hecho. Es verdad que he sido yo el que he creado este caso expresando públicamente mi deseo de ir al Madrid. Y por un cierto tiempo he esperado que el United diera luz verde a mi salida. Si dijera lo contrario mentiría. Reconozco que de manera involuntaria he sido el responsable de una relación conflictiva entre los dos clubes».

7 de agosto de 2008. *Marca* desvela las claves del futuro

madridista de CR7: «Acuerdo entre el jugador y el club inglés para venir al Madrid el 1 de julio de 2009».

18 de diciembre de 2008. Pedro Trapote, directivo del Real Madrid, dice que el club ya ha fichado a Ronaldo, pero que no puede anunciarlo de forma oficial.

2 de enero de 2009. Ronaldo: «Quiero quedarme aquí. Me siento como en casa. Soy muy feliz aquí. Quien dice que quiero marcharme es un mentiroso. Siempre hay especulaciones, no solo sobre mí sino sobre el futuro de los jugadores de todo el mundo».

16 de enero de 2009. Ramón Calderón, tras ser acusado de amaños en la asamblea de socios, dimite como presidente del Real Madrid.

17 de febrero de 2009. El presidente en funciones, Vicente Boluda, reitera la confianza del club en que Ronaldo se convierta en jugador del Madrid, e informa a los posibles candidatos a la presidencia de que el trato está casi hecho.

18 de abril de 2009. Ronaldo expresa su deseo de ganar trofeos con el Manchester United.

27 de mayo de 2009. El Manchester United pierde la Champions ante el Barcelona.

29 de mayo de 2009. «Sería muy bueno que viniera Cristiano», dice el nuevo presidente del Real Madrid, Florentino Pérez, en su primera entrevista. Lo describe como el fichaje modelo.

11 de junio de 2009. El Manchester United confirma que ha aceptado la oferta de 80 millones de libras del Real Madrid por Ronaldo.

26 de junio de 2009. Comunicado del club blanco: «El Real Madrid CF y el Manchester United han firmado el acuerdo definitivo para la transferencia de los derechos del jugador Cristiano Ronaldo a partir del próximo día 1 de julio. El jugador permanecerá vinculado al Real Madrid durante las próximas seis temporadas y será presentando el 6 de julio en el estadio Santiago Bernabéu».

Delirio en el Bernabéu

Mesías blanco

«*M*uy buenas noches y gracias a todos por vuestra presencia y bienvenidos al estadio Santiago Bernabéu. Vosotros representáis, hoy, el mayor símbolo del madridismo como es la pasión de su gente, de sus socios, y de sus seguidores en todo el mundo. Vosotros sois esenciales para que este club siga siendo respetado y admirado.» Florentino Pérez es el gran maestro de ceremonias. Sube los peldaños del escenario, orientado al fondo sur del estadio. Lo acompaña Alfredo di Stéfano, *la Saeta Rubia*, el presidente de honor del club. El auditorio lo aclama. Son las 9 de la noche. El patrón blanco saluda al público con un gesto de la mano y acompaña a don Alfredo, a su taburete. Con su americana y su corbata azul reglamentaria, delante del atril y de dos micrófonos, Florentino oficia el ritual de la tercera presentación de su nueva era, la del equipo llamado a reconquistar la cumbre del mundo al eterno rival, el Barcelona. El presidente prepara una máquina para ofrecer espectáculo, ganar títulos y sumar dinero para amortizar los extraordinarios gastos. Eso espera. Y espera mucho de esta presentación, la de Cristiano Ronaldo, el jugador más caro de la historia del fútbol.

Es una bonita noche de verano este 6 de julio de 2009, calurosa como puede serlo en Madrid en esa época del año. Desde la mañana los aficionados hacen cola a las puertas del estadio. A las 7 de la tarde, dos horas antes de la presentación, se abren las puertas y una hora después ya se han cerrado porque no cabe nadie más. Cinco mil personas se han quedado fuera. Verán la puesta de largo de CR7 a través de una pantalla situada, a última hora, en la torre B. Dentro, se queda vacía solo una parte de las gradas que está en obras, el aforo es completo: 80.000 espectadores.

Más de 40.000 personas aclamaron desde las gradas de San Siro a Ronaldinho, llegado al Milán desde el Barcelona. Más de los 50.000 invadieron el Bernabéu poco antes, el 30 de junio, para dar la bienvenida a Ricardo Izecson dos Santos, Kaká, el brasileño que ha dicho adiós a la camiseta *rossonera* del Milan para vestir la del Madrid por 65 millones de euros. El récord de aficionados dando la bienvenida a un jugador, hasta la fecha, eran los 65.000 *tifosi* que esperaron horas bajo el sol del San Paolo de Nápoles la llegada, el 5 de julio de 1984, de Diego Armando Maradona. Nunca en la historia del fútbol se había visto algo así. El día después será el primer titular de la prensa internacional. Florentino ya lo subraya en la presentación: «Lo que aquí está sucediendo esta noche quizás no tenga precedentes. Vuestra asistencia masiva a nuestro estadio representa la esencia de este Real Madrid. Muchas gracias por ser los verdaderos protagonistas de esta imparable fuerza de ilusión y de sueños. Gracias también a los miles de seguidores portugueses que hoy nos acompañan para dar la bienvenida a esta casa a uno de los suyos. Para nosotros es un honor contar con vuestra presencia y contar con la presencia de uno de los mejores jugadores de todos los tiempos. Hoy se encuentra también con nosotros uno de los símbolos del mejor fútbol portugués y europeo de todos los tiempos. Damos la bienvenida al mítico Eusebio».

La Pantera Negra, el Balón de Oro de 1965, sube al escenario con su traje beige. Abraza a Alfredo di Stéfano, presidente de honor del Real Madrid. Florentino continúa: «Muchos de vosotros sois muy jóvenes, pero debéis de ser conscientes de que en este escenario y gracias al fútbol, que provoca situaciones extraordinarias, están con nosotros dos grandes amigos que son además dos de los mejores futbolistas que ha dado este deporte: Eusebio y don Alfredo di Stéfano. Pocos son los elegidos capaces de recoger el testigo de los más grandes y con estos dos gigantes del fútbol vamos a recibir a uno de ellos. El Real Madrid acoge, desde esta noche, a uno de esos elegidos capaces de generar la mayor de las ilusiones y los sueños de millones de aficionados en todo el mundo. Hoy ha llegado el momento, hoy damos la bienvenida a su nueva casa, hoy recibimos a Cristiano Ronaldo».

Por el túnel de vestuarios se asoma el *crack* de 94 millones de euros. Luce la camiseta blanca con su nombre y el número 9 en la espalda. El 7 lo mantiene el capitán Raúl. El 9 es un número mítico en la historia del club y quedaba libre tras la marcha del argentino Javier Saviola al Benfica. El 9 de Alfredo di Stéfano desde que llegó al Madrid en 1953 hasta 1964, de Carlos Santillana, del mexicano Hugo Sánchez, del chileno Iván Zamorano, de Fernando Morientes y del otro Ronaldo. Una herencia de grandes delanteros ahora recae sobre un Cristiano que no para de sonreír caminando sobre el pasillo verde y aplaudiendo al público que grita su nombre.

Son las 9 y 17 minutos de la noche. El día D de CR7 ha comenzado a las 10 de la mañana en Lisboa. Un vuelo privado lo ha trasladado junto a 12 personas, entre familiares y amigos, a Madrid. A las 12.50 horas el *jet* ha aterrizado, con veinte minutos de retraso, en la base de Torrejón de Ardoz. Bronceado después de tres semanas de vacaciones, pelo corto con cresta, pendientes de diamantes, enormes gafas de sol, cazadora de piel roja, vaqueros y camiseta blanca de Nike, su patrocinador, Cristiano baja de la escalera del avión y ya tiene que firmar su primer autógrafo y pararse para la primera foto en tierra española. Son los empleados del aeropuerto los que se la piden. Dos guardas de seguridad lo acompañan hasta el coche oficial, un Audi blanco de cristales ahumados. A su lado se sientan Jorge Mendes, su amigo, su mánager y su representante desde hace más de ocho años, y Zé, su cuñado. La cámara de la Real Madrid Televisión no lo suelta ni un solo minuto. Cristiano parece tranquilo, sonríe y bromea. El coche desfila por la autopista y a lo lejos se ven las cuatro torres de hormigón y cristal que suben al cielo allá donde tiempo atrás surgía la Ciudad Deportiva del Madrid.

Primera parada, la Clínica Sanitas de La Moraleja para el reconocimiento médico. Una formalidad ya que Ronaldo ha pasado las pruebas de rigor diez días antes en Portugal. Cámaras, micrófonos, aficionados... Una marea humana sitia la clínica. «*I love you, Cristiano*», se lee en una pancarta que Sandra, una chica de 18 años, agita frenéticamente. La seguridad abre un pasillo. Lo reciben los médicos del Real Madrid y del hospital. Cristiano se detiene en la entrada para la foto de familia. Dentro el personal y los pacientes lo están esperando en las escaleras. En la camilla, con los electrodos azules ya colocados, Cristiano levanta el pulgar, sonríe, posa para las fotos mostrando el pecho moreno con los músculos bien marcados. Del cuello cuelga una cadena blanca con un crucifijo. En la mano izquierda un anillo de brillantes y en la muñeca, un enorme reloj. Pruebas superadas. «El futbolista está en perfectas condiciones», afirma el doctor Carlos Díaz, jefe de los servicios médicos del Real Madrid. Cristiano se dirige a la salida. Más autógrafos, más fotos y un pequeño problema con un grupo de chavales que han roto el cordón de seguridad y han rodeado la comitiva. El portugués saluda a través de los cristales.

Siguiente etapa, el estadio Santiago Bernabéu. En el camino el coche se para en un semáforo y de la nada aparecen dos chicas. «Eres el mejor», gritan intentando utilizar la cámara fotográfica. Cristiano baja la ventanilla. «Tira, tira la foto», les dice a las chicas. El Audi blanco entra en las tripas del estadio. El ascensor lleva a Cristiano a los despachos del club. Le enseñan los periódicos deportivos españoles: todos llevan la noticia de su llegada en la portada. Firma la primera camiseta con su nombre. Ya están a la venta en la tienda del club. En menos de una hora se han vendido miles. El márketing galáctico funciona a toda máquina. Jorge Valdano, director general del Real Madrid, hace de anfitrión. Le explica los detalles de la presentación delante de los grandes ventanales que se abren sobre el campo del Santiago Bernabéu. Abajo están terminando de preparar el escenario. A las 2 y media de la tarde acompaña a Cristiano al Restaurante Puerta 57, donde se reúne con Di Stéfano, Eusebio y algunos de los veteranos que han hecho historia en el club como Zoco, Santamaría, Pachín y Amancio. En un reservado Cristiano y Valdano presiden la mesa. Alrededor se sientan Jorge Mendes y los familiares del *crack*. Últimas fotos y últimas imágenes, las puertas se cierran y dejan en paz al nuevo fichaje. Pero es solo cuestión de horas.

A las 7 de la tarde todo se reactiva. Después de una pequeña siesta en el hotel Mirasierra Suites, Cristiano está preparado para seguir el programa de su primer día en blanco. Ha cambiado la indumentaria deportiva por un traje beige con camisa blanca pero sin corbata. En las puertas del hotel los aficionados lo aclaman como si fuese una estrella del rock. Autógrafos y saludos antes de subirse al coche que lo lleva al estadio. La caravana se acerca al Bernabéu y él observa, incrédulo, las largas colas de gente que, con paciencia, van a ocupar su asiento en las gradas. Dentro del estadio tiene una cita con Real Madrid Televisión. Maquillaje, focos, plató con una bandera de España y otra del Real Madrid. «Dia memorable para mí», repite Cristiano en español y en inglés para el canal del club. Apenas unos minutos porque lo espera el presidente. Florentino entra con él en el palco de honor del estadio. Los dos miran desde las cristaleras cómo se van llenando las gradas. Y Cristiano pregunta: «¿Va a haber partido esta noche, presidente?».

Florentino sonríe, feliz con su fichaje estelar. En la sala de juntas se celebra la firma del contrato. Alrededor de la mesa ovalada toman asiento Pérez, Cristiano, don Alfredo, Eusebio y los otros directivos del club. Cuatro carpetas, cuatro firmas, la del presidente y la de Cristiano para rubricar el acuerdo. El acto se termina con aplausos de todos los asistentes. Ya es la hora de vestirse de blanco. En el vestuario, delante de su taquilla, entre la de Kaká, el número 8, y la de Sneijder, el número 10, Cristiano se quita el traje. Es una ceremonia, la de vestirse, como la de un torero antes de bajar al ruedo. Pantalón, medias, botas (primero la derecha, después la izquierda) y, por fin, la camiseta con su nombre. Se la ajusta bien y se mira al espejo para controlar que todo esté en orden.

«¡Qué bien te sienta el blanco!» exclama Florentino. Es el turno de la sesión fotográfica para el carné madridista y para la publicidad: camisetas con su nombre en chino, japonés y en árabe. Le tiran un balón y hace malabarismos, le dan una bufanda y posa como un perfecto modelo. Terminado el trabajo, Cristiano hace ejercicios como si tuviera que jugar un partido. Ahora sí está impaciente. Escucha la megafonía del estadio, la música, el himno oficial. Le preguntan si está nervioso y contesta que «no, ahora no», pero la espera se hace interminable y la cámara revela un Ronaldo que no sabe contener los nervios. Se sienta, se quita el calzado, se pone de pie, se atusa la cresta rebelde y por fin escucha las palabras de Florentino: «Hoy recibimos a Cristiano Ronaldo». Por fin le toca. Sale del túnel de vestuarios sube los peldaños del palco verde donde están los directivos, los invitados, la prensa, cámaras y fotógrafos. El público ruge como si acabara de marcar el primer gol. Abraza a Florentino, a Eusebio, y a Di Stéfano... Da la vuelta sobre sí mismo aplaudiendo y sonriendo. «Sí, sí sí.. Cristiano ya está aquí», gritan los 80.000 asistentes. El presidente retoma la palabra: «Querido Cristiano Ronaldo, esta es, desde hoy, tu afición, la misma que a lo largo de la historia ha colocado al Madrid en la cima del fútbol mundial».

Sobre la pantalla gigante de Chamartín pasan las imágenes de los goles y de las mejores jugadas del portugués con la camiseta del Manchester United. Él sonriendo, él levantando la copa de la Champions League, él besando el Balón de Oro. Continúa Florentino: «Ellos te pedirán lo máximo, pero también te lo darán todo. Tu profesionalidad, tu dedicación plena a este deporte y tu indudable talento te han hecho cumplir uno de tus grandes sueños. Para nosotros supone una enorme satisfacción el saber que tu tenías la firme decisión de jugar en el Real Madrid. Bienvenido a tu Real Madrid».

Ahora le toca a Cristiano. Detrás de él, las nueve copas de Europa. Ronaldo tiene que esperar unos segundos hasta que el Bernabéu se calma. Las cámaras encuentran entre el público muchas banderas portuguesas. Ronaldo intenta hablar entre el griterío. Es interrumpido cada dos palabras, aunque por fin logra decir: «Para mí, se ha cumplido mi sueño de niño, que era jugar en el Madrid». Otra interrupción y añade: «No esperaba que el estadio se fuera a llenar solo para verme. Impresionante». Y en seguida sorprende al público gracias a los buenos consejos de algún periodista que lo ha entrevistado antes de la presentación: «Y ahora a contar hasta tres y decimos todos ¡Hala Madrid! Uno, dos y tres. ¡Hala Madrid!».

Todo el Bernabéu grita al unísono con el portugués. Con dos palabras se ha metido en el bolsillo a la afición blanca. Aparece un balón y hace malabarismos con el pie y con la cabeza. Firma el balón para un niño que será seguramente la envidia de los 80.000 aficionados. Regala una camiseta a un chaval y se la enfunda. Baja del escenario, saluda a los aficionados, firma balones y camisetas, besa el escudo, besa a una reportera de televisión, da una vuelta de honor y sube otra vez al palco para hacerse una foto con los directivos del Madrid. De fondo suena la *Marcha Radetzky*, de Johan Strauss padre. Un espontáneo sorprende a la seguridad (más de 1.000 personas) y llega a subir al palco para abrazar a su ídolo. La situación empieza a ponerse complicada porque son muchos los que saltan las vallas y quieren acercarse al ídolo. Acompañado por el personal del Real Madrid, Cristiano abandona el lugar rodeado de guardas y con paso ligero.

Pero la puesta de largo no se ha acabado. En la sala de prensa lo esperan ansiosos los medios de medio mundo para la primera comparecencia pública de Ronaldo en España. La tradicional nube de fotógrafos y cámaras de televisión es un nubarrón que envuelve la mesa donde Ronaldo es el protagonista y, como secundarios de lujo, a su lado, Jorge Valdano y Antonio Galeano, el director de comunicación del club. Son las 10.17 h. de la noche cuando un periodista español consigue hacer la primera pregunta de una larga conferencia de prensa:

—*Tras la final de la Champions se quejó por haber jugado como delantero. Manuel Pellegrini en sus primeras declaraciones como entrenador del Madrid ha afirmado que le gustaría también que jugara de delantero. ¿Supondría eso algún problema para ti?*

—Nunca he dicho que no me guste jugar de delantero. Lo que dije fue que no me sentí cómodo porque no estaba habituado a ese puesto. Si puedo elegir, prefiero jugar en la banda, pero no pasa nada si tengo que jugar de delantero. Es una cuestión de coger el hábito.

—*Si tuviera que definir todo lo que ha vivido hoy en su presentación con una sola palabra. ¿Cuál sería?*

—Impresionante.

—*¿Qué te ha pasado por la cabeza cuando has saltado al campo y has visto más de 80.000 personas llenándolo?*

—Ha sido una sensación muy bonita, me ha encantado. No esperaba que el estadio se llenara. Ha sido un sueño para mí entrar y verlo así... Fue impresionante. Me he acordado mucho de mi familia, de mi padre y de mi madre.

—*¿Eres consciente de qué te has ganado a la gente con*

esas imágenes en las que se te ha visto emocionado, casi tembloroso, a pesar de que tienes fama de ser una persona con mucha confianza en ti mismo?

—He sentido que la gente me tiene mucho cariño. Sé que la presión que voy a tener será incluso mayor que la que tuve en Manchester, pero tengo mucha confianza. Quiero que empiece todo cuanto antes para demostrar de qué soy capaz.

—*¿Quieres enviar algún mensaje a tus excompañeros del Manchester y a tu exentrenador, Alex Ferguson?*

—Les quiero dar las gracias a todos en el club. Pasé allí seis años y he dejado muchos amigos y muy buenas relaciones. Creo que la gente ha entendido y respetado mi decisión, han comprendido que era un reto y un sueño jugar en el Madrid.

—*¿Cómo ha sido conocer a Di Stéfano, una de las mayores leyendas del Real Madrid?*

—Ha sido un momento muy especial porque es una de las personas míticas de este club. Ha sido como conocer a Bobby Charlton cuando llegué al Manchester. Él me ha deseado mucha suerte. Todo lo que ha pasado hoy ha sido uno de los momentos más bonitos de mi vida.

—*¿Cuando soñabas desde niño con jugar en el Real Madrid, imaginabas que sería a costa de que el club realizara una inversión económica tan grande?*

—El club que quiere tener a los mejores tiene que pagar por ellos. El Real Madrid está tomando las decisiones correctas y yo quiero demostrar que es así.

—*¿Al entrar en el que va a ser tu nuevo vestuario, has pensado en lo que te ha costado llegar hasta aquí?*

—Sí, porque siempre he ambicionado jugar aquí, durante toda mi vida. Después de lo que había conseguido en Manchester quería cambiar y este club es el más grande para mí. Así que claro que sientes algo especial cuando te pones esta camiseta por primera vez.

—*Aquí está la imagen de las nueve Copas de Europa. ¿Sueñas con romper la maldición de octavos de final que persigue al Real Madrid en los últimos años?*

—No juego solo. Aquí en la presentación estaba solo pero en los partidos tendré diez compañeros además de los que estarán en el banquillo. Tenemos un gran equipo y un gran entrenador.

Lo que tenemos que hacer es ir paso a paso con tranquilidad, trabajar bien y pensar por supuesto en ganar la Champions.

—*Vienes de marcar 25 goles la pasada temporada con el Manchester United. ¿Te atreves a dar una cifra para tu primer año en el Real Madrid?*

—Lo que quiero es adaptarme lo más rápido posible porque los goles llegaran después de forma natural. No me voy a fijar una meta, quiero marcar muchos goles y dar muchas asistencias.

—*¿Has visto las banderas portuguesas que había en la grada?*

—Había en la grada banderas de Portugal y banderas de Madeira, y se siente mucho orgullo cuando las ves fuera de tu país.

—*¿Hubieras jugado en el Real Madrid con la anterior junta directiva?*

—No lo sé, esa pregunta no me la tienen que hacer a mí.

—*Tu nuevo entrenador va a ser Manuel Pellegrini, ¿qué sabes de él?*

—He oído cosas muy buenas y si está aquí es porque se lo merece. He jugado contra el Villarreal varias veces y hemos tenido muchos problemas: esa es la mejor prueba. Va a ser un placer trabajar con él y luchar para ganar muchas cosas juntos.

—*¿Estás preparado para toda la presión que te va a rodear en Madrid? Ya debes saber que es una ciudad con mucha vida nocturna...*

—Yo trabajo para tener éxito y a partir de ahí hay tiempo para todo. Todo lo que he conseguido no ha sido a base de no hacer nada sino de trabajo bien hecho. Da tiempo para todo, para trabajar y para disfrutar. Pero lo importante es trabajar y ganar premios individuales y sobre todo títulos con el club.

—*¿Qué opinas de Frank Ribéry, que puede ser también compañero tuyo en el Real Madrid?*

—Es un gran jugador pero yo no tengo que hablar de los que no se sabe si van a venir o no. Mi trabajo es jugar aquí y hacerlo bien, nada más.

—*Ramón Calderón no pudo contratarle durante dos años. ¿Ha sido Florentino clave en su llegada?*

—He visto muchas veces la prensa diciendo cosas muy distintas. Tiran y a veces aciertan y otras no. El presidente vino y firmamos, nada más. Estoy aquí y estoy muy feliz.

—*¿Te duele dejar el número 7 y coger el 9, el mismo que tuvo Ronaldo?*

—Yo quería el 7 pero sé que es el número de un jugador mítico del equipo. Me preocupa hacer las cosas bien, no el número. El que juega soy yo, no el número que llevo en mi espalda.

—*¿Has hablado con los amigos que tienes aquí: Heinze, Pepe, Di Salvo...?*

—Todos me han dado la bienvenida. Estaban contentos porque son amigos míos desde hace muchos años. Espero que sigan aquí porque me ayudarán a adaptarme.

—*¿Hay algún jugador del Real Madrid con el que te haga especial ilusión jugar?*

—Es un privilegio estar aquí y jugar con los que ya están y los que puedan venir. La plantilla va a ser muy fuerte y vamos a trabajar para ganar títulos. Pellegrini lo va a tener difícil para elegir a los titulares.

—*¿Sientes que llegas al Real Madrid con un año de retraso?*

—No, porque el último año en Manchester me fue muy bien, gané la Copa y la Liga y siento que quedarme fue la decisión correcta.

—*El Barcelona acaba de ganar el triplete. ¿Crees que el Real Madrid está listo para ganar todos los títulos también?*

—Hay que tener ambición. Vamos a intentar ganar los tres, aunque yo me conformaría con ganar la Liga y la Champions. Tenemos que trabajar como un equipo organizado, con buen espíritu y estructura fuerte. A partir de ahí tenemos que tener ambición y si trabajamos bien, por supuesto que podemos ganar todos los títulos.

—*¿Tienes una espina clavada por la final de Champions perdida ante el Barcelona?*

—Para mí no existe la palabra venganza. Está claro que quiero jugar contra el Barcelona y ganarles. Va a estar muy bien. Dos grandes equipos enfrentados y un gran espectáculo.

—*Cambias la Premier por la Liga después de seis temporadas...*

—La Liga es muy diferente. En la Premier el juego es más

rápido y los dos son campeonatos muy competitivos. En España hasta los equipos pequeños intentan jugar siempre bien al fútbol. Tengo muchas ganas de disfrutar de la Liga.

—*¿Y los árbitros?*

—En Inglaterra son muy buenos, en España fabulosos...

—*Nunca has jugado en el Bernabéu, ¿cómo te has sentido al pisarlo por primera vez?*

—Nunca había sentido algo así, ha sido un primer impacto muy bueno. Lo que quiero es seguir trabajando y demostrar a todo el mundo que el esfuerzo ha merecido la pena.

—*Kaká y tú sois personas muy distintas con formas de vivir muy distintas. ¿Qué relación crees que vas a tener con él?*

—Nuestra relación será buena, seguro. Vamos a ser buenos amigos y si le preguntaras a él seguro que te diría lo mismo.

—*¿Te preocupa la presión de la prensa del corazón?*

—Eso no es un problema. Yo cuando compito hago una vida muy tranquila, concentrado al máximo en el fútbol. Aquí voy a hacer lo mismo, cuidarme para estar siempre bien para los partidos y los entrenamientos.

—*¿Qué opinas de Karim Benzema, otro de tus nuevos compañeros?*

—Es muy buen jugador, una muy buena contratación. Es un jugador en el que hay puestas muchas expectativas porque lo ha hecho muy bien en Lyon. Él también será nuevo aquí, así que vamos a disfrutar apréndiendolo todo juntos.

—*¿Qué le dirías a un niño que sueña con ser futbolista para que elija al Real Madrid por delante del Barcelona?*

—Para mí el Madrid es especial. El Barcelona es un gran club pero el Madrid es especial. A un niño lo que le diría es que persiga su sueño, sea en el club que sea.

—*¿Cuál es el rival al que más ganas tienes de enfrentarte en España?*

—Yo quiero jugar todos los partidos. Por supuesto a todos los futbolistas les gusta jugar los grandes partidos. Los derbis, los partidos contra el Barcelona... pero yo quiero jugarlos todos y ganarlos todos.

—*¿Qué es más importante, dar espectáculo o ganar los partidos?*

—Ganar, lo más importante son los puntos. Si además se

consiguen dando espectáculo, mejor. Pero estamos aquí para sumar puntos.

—*¿Cómo ves la disputa de este año por los galardones individuales, el Balón de Oro, el FIFA World Player...?*

—No me preocupa. Solo pienso en hacer una buena temporada. Los premios individuales son importantes, pero no son lo más importante.

—*¿Te gustaría seguir tirando las faltas?*

—Es una decisión del entrenador, pero me gustaría, sí.

A las 23.05 h. llega la última pregunta:

—*¿Quién es el mejor del mundo: tú, Messi, Kaká...?*

—El mejor es el Madrid.

La platea se ríe.

«Gracias a todos, buenas noches.»

El director de comunicación cierra así la primera presencia del nuevo número 9 blanco ante los periodistas. Cristiano deja la sala de prensa. La presentación del futbolista más caro de la historia se ha acabado, pero una cámara del Real Madrid Televisión lo sigue por los pasillos del estadio. «Ha sido un día impresionante. He disfrutado mucho. Muchas gracias a todos», comenta Cristiano. Saluda y se va.

Sir Alex y Cristiano

Como un segundo padre

«Cristiano ha sido un jugador maravilloso para el United. Sus seis años en Old Trafford le han visto desarrollarse como el mejor futbolista del mundo. Su contribución ha sido un factor determinante en el éxito del club. Su talento, su habilidad y su contagiosa personalidad han cautivado a seguidores de todo el mundo.» Son las emotivas palabras de *sir* Alex Ferguson en la despedida de CR7. El mánager de los *reds* le desea lo mejor en su nueva etapa con el Real Madrid. Siempre se ha dicho que las estrellas que salen del Manchester acaban mal con Ferguson, pero en este caso la despedida es muy buena, como lo demuestran las palabras de Ferguson y lo confirma Ronaldo en su primera aparición ante la prensa en el Bernabéu: «No tengo ningún problema en reconocer que mi relación con él siempre fue y será muy buena. Se presentó la ocasión de salir, hablamos y todo quedó perfecto entre nosotros. La vida tiene que seguir».

La vida tiene que seguir y sigue, pero Ferguson no se olvida de su jugador. «Sabemos que nunca podremos sustituir a Ronaldo. No me importa lo que se diga sobre el chico, para mí es el mejor futbolista del mundo. Cuando has tenido un jugador que es el número 1 en lo que hace, no es bueno tratar de encontrar a alguien para hacer el mismo trabajo. Y cuando sabes que no puedes reemplazar a alguien, o algo, buscas un camino diferente», explica en varias ocasiones el escocés hablando del United 2009-10. Y añade: «Echaremos de menos los goles de Ronaldo, eso es obvio. Pero, Berbatov este año lo hará bien. Y Rooney y Owen son capaces de llegar a los 20 goles. Así que tendremos un montón de opciones».

El técnico sabe que para el United Cristiano es una gran pérdida y que el equipo no será lo mismo sin el portugués, pero tiene que defender su plantilla. Es parte de su trabajo. Como es su trabajo aceptar el desafío de remodelar un equipo que ha perdido su estrella. Lo ha hecho en 1995, cuando Paul Ince se fue al Inter de Milán y Mark Hughes, al Chelsea. Y en 1997, cuando Eric Cantona colgó las botas. Y en 2003, cuando David Beckham se marchó al Madrid.

En todo caso es normal echar de menos a un futbolista que has ayudado a transformarse de chiquillo con gran talento en una estrella mundial. *Sir* Alex no olvida a Ronaldo a lo largo del primer año de la separación. En marzo de 2010, cuando en Madrid no parecen irle tan bien las cosas como esperaba, el escocés comenta al *Daily Express*: «Cristiano conoce el valor del Manchester United, sabe que los jugadores aquí tienen protección. Vienen a entrenar cada día y no hay nadie que pueda molestarles. No creo que el Real Madrid sea un club fácil para jugar. Tiene un circo alrededor. Hay muchos aficionados y mucha intensidad mediática». Y a Ronaldo casi parece sugerirle una vuelta a casa: «Me gustaría pensar que algún día volverá, nunca se sabe. No creo que siga toda la vida en el Real Madrid. Habrá otros retos y él es el tipo de jugador al que le encantan. Tengo una buena relación con él. Es un buen chico. Me gusta Cristiano».

Y lo repite algún tiempo después, en 2011, justo antes del partido de ida de las semifinales de la Champions League entre el Real Madrid y el Barcelona, entre Cristiano y Leo. «He tenido a Ronaldo en el United y pienso que es un futbolista fantástico. Puede jugar con los dos pies, tiene un gran poderío físico, fuerza, valentía, coraje, habilidad y es un loco del balón. También Messi es absolutamente fantástico. Es muy difícil elegir entre los dos. Habría que decidir echándolo a cara o cruz. Todo depende de cómo y de qué ángulo miras del jugador. El hecho de que he tenido aquí a Ronaldo tantos años, que lo conozco bien, cambia mi visión. Vi cómo se entrenaba, cómo lo daba todo para convertirse en el mejor. Y esto es lo que pesa mucho en mi opinión. Lo conozco como jugador y como persona. Pero miras a Messi y ves que es un futbolista muy serio. Le encanta jugar al fútbol. Es valiente como un león porque siempre, en cualquier situación, quiere la pelota y se la lleva. Son dos jugadores muy diferentes, pero no hay ninguna duda de que ambos son extraordinarios.» ¿Messi o Ronaldo? Le preguntaron a Ferguson otra vez después de la final de la Copa del Rey del 2011, que el Madrid gana gracias a un cabezazo de Cristiano. «Son dos de los grandes, pero yo siempre elegiré a Ronaldo antes que a Messi. Tengo una gran lealtad hacia Cristiano Ronaldo.» ¿Por qué esta lealtad del hosco escocés al portugués? Porque fue una apuesta suya en 2003. Porque gracias a los buenos consejos de Carlos Queiroz, su segundo, supo anticiparse al resto de pretendientes del chico de Madeira. Porque Ronaldo le ha demostrado siempre ser un jugador que no se conforma, que quiere mejorar cada día. Es un futbolista que siempre quiere más. Se lo ha demostrado a lo largo de seis años. Trabajando duro e implicándose en el equipo. Siendo el primero en llegar a los entrenamientos y el último en marcharse. Cuando los otros ya estaban bajo la ducha, Cristiano, como ha contando varias veces Ferguson, se quedaba en el campo ensayando faltas, regates, penaltis. O hacía horas extras en el gimnasio fortaleciendo su físico, ganando peso (desde los 75 kilos en el momento de llegar a los 85 cuando salió), musculatura y sobre todo aprendiendo cómo se juega al fútbol al máximo nivel.

Ferguson desde el primer día apostó por él al darle la mítica camiseta número 7: un hecho simbólico. Y, poco a poco, le enseñó, como relató en una conferencia de entrenadores, a poner su ego al servicio del equipo. Ronaldo se lo devolvió con goles, títulos y trofeos. Cristiano para Ferguson es un jugador «especial, increíble, sobre todo a la hora de tomar decisiones, que jamás siente miedo o presión y siempre hace lo que considera mejor». Ferguson valora la forma en que Ronaldo supo cautivar al público con esa magia no exenta de fuerza que tanto admiran los británicos.

No siempre ha sido un camino de rosas la relación entre el mánager del United y el número 7. Como en todas las parejas ha habido momentos muy felices y otros muy difíciles. El Balón de Oro conquistado en 2008 va en el primer apartado. *Sir* Alex y todo el Manchester esperaban desde hacía 40 años que un jugador con la camiseta roja lo ganase. La Champions y la increíble temporada 2008-09 ha sido el momento más álgido donde Cristiano ha demostrado a Ferguson todo lo que había aprendido al son de goles y de estadísticas.

Apartado momentos difíciles: Sobre todo al principio, cuando el técnico lo dejaba sentado en el banquillo o no lo convocaba. Era su estrategia del paso a paso para no cargarlo de responsabilidad, pero Ronaldo no lo soportaba. Su enfado al no jugar, al no ser titular era monumental. En julio de 2006 después del culebrón Rooney, vive otra situación muy complicada que el viejo zorro del banquillo con el apoyo de los directivos llega a resolver convenciendo a Ronaldo de regresar al club. En junio de 2008 cuando Cristiano Ronaldo declara que le gustaría jugar en el Real Madrid y los medios británicos hablan abiertamente de ruptura entre el *crack* y el entrenador y sostienen que no sería bienvenido en la concentración de la *seleção* que disputa la Eurocopa. Problemas y enfrentamientos que a *sir* Alex Ferguson no han hecho cambiar de opinión, tanto, que en su despedida se dice convencido de que los mejores años de su exnúmero 7 están todavía por llegar. Acierta como muchas otras veces.

¿Y Ronaldo que opina de su exmánager? «Ha sido como un segundo padre para mí», dice en una entrevista a Sky Sports. Explica que lo ha sido desde que llegó al Manchester con 18 años. Y para Cristiano no es solo una cuestión de respeto sino algo más: el jugador siente por Ferguson el mismo afecto que siente un hijo por su padre. Entre ellos se había establecido una relación que iba más allá de la habitual entre un jugador y un técnico. «A veces me hablaba de cosas que no tenían nada que ver con el fútbol, y yo le escuchaba siempre porque sus palabras me hacían ser mejor persona», ha confesado Ronaldo.

En cuanto al fútbol, Cristiano le considera un maestro. «Ha sido decisivo en mi carrera Me ha impulsado a madurar y a mejorar. He aprendido de él todos los días y me ha ayudado a convertirme en lo que soy ahora.» Cristiano recuerda como le ha apoyado siempre, le ha dado ánimo, le ha enseñado a resolver problemas, lo ha motivado de mil maneras, como, por ejemplo, apostando cada año sobre el número de goles que iba a marcar en la temporada. «Tengo muy buenos recuerdos de Manchester y cuando, a veces, veo los partidos de los *reds* lo echo de menos porque es una parte de mí la que he dejado en Inglaterra. Solo porque juego en Madrid no voy a dejar de hablar con mi antiguo entrenador. No, cuando tengo la oportunidad hablo con *sir* Alex Ferguson. Ha sido muy importante para mí cuando estaba allí, cuando mi vida era el United. Es siempre un placer hablar con él. Nunca olvidaré a quien realmente me ha ayudado.»

Todo un donjuán

Invenciones sensacionalistas y realidades

Jordana Jardel, Alice Goodwin, Mirella Grisales, Gemma Atkison, Bipasha Basu, Imogen Thomas, Daniele Aguiar, Gabriela Entringer, Luciana Abreu, Alyona Haynes, Olivia Saunders, Marina Rodríguez, Nuria Bermúdez, Merche Romero, Karina Ferro, Nereida Gallardo, Fernanda, Maria Sharapova, Caroline Wozniacki, Paris Hilton, Raffaela Fico, Kim Kardashian, Letizia Filippi, Luana Belletti... La lista de amantes, novias, verdaderas o presuntas, de Cristiano Ronaldo es interminable. Y cada año la prensa del corazón o los periódicos sensacionalistas ingleses han añadido nuevas conquistas. Un catálogo de mujeres inglesas, españolas, brasileñas, colombianas, italianas, portuguesas, danesas, rusas han sido relacionadas con él. En algunas ocasiones los medios lo han vendido como futuras señoras Ronaldo, en otras el mismo Cristiano las ha elegido como compañeras sentimentales. Muchas en pocos años, pero hay que tener en cuenta que Cristiano es futbolista, famoso, rico, guapo, con un cuerpo que le gusta exhibir y con dotes de seductor. Todo un donjuán, un *tombeur de femmes*, un *playboy*, un *golden boy*. O, al menos, esa es la etiqueta que los medios le han pegado.

Ronaldo asegura que le gusta mantener la privacidad de sus relaciones. Y confiesa: «Tengo mis momentos románticos y soy sensible». De las mujeres dice que le gusta la sonrisa, el humor, la amabilidad y la buena conversación. «Reír es uno de mis pasatiempos favoritos.» Pero no se olvida del cuerpo, que «es importante, muy importante, aunque lo más importante es lo que está dentro de una mujer, siempre y cuando sea hermosa, como Angelina Jolie». El concepto está claro. Para verificarlo vamos a ver la lista de sus *novias* reales o presuntas: modelos, actrices, tenistas, estudiantes, estrellas de televisión que compaginan sus labores con las páginas de publicidad de las revistas de moda o en las de las revistas masculinas.

Empezamos por Jordana Jardel, modelo brasileña de 17 años, hermana de Mario Jardel, delantero del Sporting de Lisboa. «Una amiga» según Cristiano, que los medios ingleses, a su llegada a Manchester, venden como la novia. Una *novia* capaz de crear un gran revuelo con sus declaraciones sobre Victoria Adams y David Beckham. Aprovechando la ola de comparaciones entre Ronaldo y Beckham, Jordana opina sobre Victoria, la mujer del antiguo número 7 del Manchester, en el *Daily Star:* «No me gustaría tener la apariencia de ella. Es guapa, pero creo que vive de su marido. Tiene aspecto anoréxico y eso no es atractivo, al menos no lo es para los hombres portugueses y brasileños. Me gusta la música sobre todo la brasileña y la italiana. En mi colección no hay ningún disco de las Spice Girls. Quien no tiene talento no debería cantar». Y sobre David Beckham precisa: «Es un buen jugador y muy guapo, pero Ronaldo es puro talento natural y no tengo dudas de que es mejor futbolista».

De otra modelo, la rubia Gemma Atkison, se cuenta que fue la que ayudó a Ronaldo a dominar el inglés, la asignatura que tanto se le resistía en el colegio. Atkison es conocida por su papel como Lisa Hunter en la telenovela juvenil *Hollyoaks.* Cristiano nunca confirmó la relación, como tampoco lo hizo con la también modelo Merche Romero. Nueve años mayor que él, natural de Andorra, de padre y madre españoles, y uno de los rostros más conocidos de las pasarelas y de la televisión portuguesa. Fue ella la que en 2006 anunció en un programa televisivo luso que la historia se había acabado. Antes que Merche, ocupó el corazón del portugués la española Nuria Bermúdez, agente de futbolistas, entre otras actividades. Un romance que acabó por la intromisión de Merche. También se relacionó a Ronaldo con la actriz y cantante Luciana Abreu, que se describe como «una buena chica católica a quien le gusta leer la Biblia», y con Raffaella Fico, *starlette* televisiva italiana, que confirma su relación con CR7 en una entrevista al semanal italiano *Chi.* Un reportaje con fotos de la pareja en la discoteca

Sottovento de Portocervo y en Lisboa donde Raffaella cuenta, con aire romántico, que cree de verdad en este sentimiento. Los tabloides ingleses también airean la pasión de Cristiano con la brasileña Luana, hermana de Juliano Belletti, exjugador del Barcelona y del Chelsea. Con 24 años, Luana ha demostrado interés por el jugador y su hermano ha preparado la cita: una cena romántica en el restaurante del Lowry Hotel de Manchester. Otra de las novias más conocidas ha sido la mallorquina Nereida Gallardo, auxiliar de enfermería y estudiante de dietética y nutrición. Estuvo con Ronaldo ocho meses. Dejó su trabajo y pasaba, según cuenta, cinco días en Manchester y dos con su familia en Palma. En abril de 2008, dos meses después de iniciar la relación, Nereida aparece en la portada de *Interviú*.

En la red empezaron a multiplicarse sus fotos en las que a veces aparece vestida. También se airean entrevistas a conocidos que la definen como una chica capaz de hacer cualquier cosa por el dinero y la fama. A la madre de Ronaldo no le gusta nada de lo que ve y menos lo que lee en relación con Nereida, pero el jugador sigue con ella. Nereida asegura públicamente que se va a casar con Ronaldo si Portugal gana la Eurocopa. En la prensa inglesa se compara a Nereida con Victoria Beckham. Los dos parecen enamorados de verdad. Las fotos de la pareja de vacaciones en las playas de Cerdeña en el verano de 2008 lo confirman y hacen felices a los *paparazzi* italianos, que pueden vender la exclusiva del amorío a medio mundo. Pero la historia no acaba bien. Pocos días después llega el final. Ronaldo, cansado de los rumores sobre el pasado de su novia (Sergio Ramos figuraba dentro de estos rumores), rompe con ella mediante un mensaje telefónico.

Ella no se da por vencida y lo intenta todo para conseguir que Cristiano cambie de idea. Meses después, Nereida llega a acosarlo en la entrada de una discoteca mallorquina gracias a la complicidad de un programa del corazón. Pero la cosa no va a ningún lado y Nereida se dedica a rentabilizar su historia con entrevistas a periódicos, cadenas de televisión y otro desnudo justo cuando Ronaldo ficha por el Real Madrid. A *Interviú* declara: «Cristiano ha cambiado mucho desde que estaba conmigo, casi no le reconozco». Se siente dolida por la gente que ahora se acerca al *crack* solo por la fama y el dinero. Y que buscan sacar tajada y luego marcharse sin más. Y comenta que Cristiano, cuando estaba con ella, no bebía, ni salía tanto de fiesta, pero que ahora se le puede ver gastando decenas de miles de euros en discotecas.

Letizia Filippi y Cristiano Ronaldo se conocieron en Capri. El futbolista y la finalista de Miss Italia'1994 coincidieron en un restaurante al que acudieron a cenar por separado. «Desde que llegó al restaurante se fijó en mí, todo el tiempo quería hablar conmigo. Cuando, por fin, lo consiguió, no dejó de hacerme cumplidos», cuenta la italiana al tiempo que se desnuda, primero en *Interviú* y después en la revista italiana *Max*. Filippi habla largo y tendido de su relación dando hasta detalles de lo más morboso. Habla de sus experiencias en un avión privado junto al futbolista, así como de los días que pasaron sin salir de su casa en Manchester. Invitada en *Chiambretti Night*, un programa de la televisión italiana, dice: «Tengo que admitir que Cristiano es un fuera de serie en todos los sentidos, también en eso».

De Paris Hilton se puede decir cualquier cosa menos que quisiera rentabilizar su relación con Ronaldo. No es el dinero el principal problema de la bisnieta de Conrad Hilton, fundador de la cadena de Hoteles Hilton. Paris aparece junto a Ronaldo en una sala vip de la discoteca My House, en Hollywood, pocas horas después de que Cristiano haya recibido la noticia de su pase millonario al Real Madrid. Ella ha dejado a su novio, el jugador de béisbol Dough Reinhardt, un par de días antes y dicen las crónicas que se lanza a la caza del portugués. Los tabloides británicos preguntan a los camareros del local, que lo explican muy bien: «Ronaldo y Paris no pararon en ningún momento. Estuvieron besándose y acariciándose toda la noche, jugaron con una botella que Ronaldo se puso entre las piernas. Se presentaban a todo el mundo como pareja. Iban cogidos de la mano y él le rodeaba los hombros con su brazo. Ronaldo no se separó en ningún momento del lado de Paris». Según dichas fuentes, Cristiano se dejó unos 17.000 euros en consumiciones. El portal de famosos TMZ, publica las fotos, en las que el futbolista coquetea con Hilton. Las imágenes dan la vuelta al mundo y son portada de los diarios deportivos de Barcelona, interesados desde el primer momento en la buena imagen del flamante fichaje del Real Madrid.

Después de las caricias y del champán Cristal, Paris se marcha a casa de su hermana Nicky mientras que Ronaldo hace lo mismo una hora después tras pasar primero por su hotel. Pero la historia no acaba aquí. Tras aparecer juntos en My House ambos se ven por segunda vez en una fiesta privada organizada en la casa de Beverly Hills de Paris. Hay *love story* para los medios sensacionalistas. La primera en desmentirlo es Paris Hilton. Insisten que son «solo buenos amigos» y en su Twitter se queja: «Es ridículo. Inventan historias que aunque están lejos de la verdad, son hirientes», escribe. En todo caso hay más tomate en la historia o al menos los tabloides ingleses van más allá. Sí, porque Paris Hilton revela a fuentes próximas, citadas por *Daily Star*, que solo se lo pasó bien con Cristiano y nunca se planteó en serio su relación, después de dos noches de fiesta con él en Los Angeles. «A ella le gustan los hombres machos y ella veía a Ronaldo muy afeminado. Pensaba que se reirían de ella si salía con un hombre que se pone flores en el pelo.» Una foto de Ronaldo con flores en la cabeza había dado mucho que hablar. El futbolista también lo despachó todo desde Madrid: «Paris es una chica realmente simpática y nos divertimos mucho juntos. Es lo que hace la gente normal a nuestra edad. Pero ella vive a miles de kilómetros y siempre está ocupada, y yo estoy demasiado ocupado en Madrid, así que no estoy seguro de si vamos a poder vernos. Solo estoy disfrutando del poco verano que me queda».

Y así se acaba la historia. No todas las supuestas novias son ricas, famosas o modelos. Entre sus presuntas conquistas hay también sitio para una estudiante universitaria de empresariales de 18 años como Olivia Saunders. Los dos se conocen en un *night club* de Manchester donde la chica trabaja como personal de promoción para pagarse los estudios. Salen a cenar en los mejores restaurantes de la ciudad y se mantienen en constante contacto vía SMS. Los amigos de Olivia dicen que: «Ronaldo ha tenido suerte con Liv, una chica inteligente, ambiciosa, independiente y guapa. Nada que ver con la típica novia de futbolista». Los periódicos sensacionalistas hablan de las diferencias económicas entre los dos: CR7 vive en una mansión de cuatro millones de libras, Olivia comparte un piso con sus compañeros de estudio que cuesta 100 libras a la semana. Cristiano conduce un Bentley de 150.000 libras y Olivia, un Ford KA. No se sabe como terminó la historia entre Olivia y Ronaldo, pero terminó sin ruido.

Otras relaciones de Ronaldo, al contrario, llegaron a convertirse en escándalos sexuales, aunque fueran rápidamente desmentidos. Como es el caso de Fernanda. Según el desaparecido *The News of the World*, la brasileña Fernanda se dedicaba a la prostitución de lujo. En septiembre de 2008, Fernanda afirmó desde ese medio lo siguiente: «Cristiano y yo somos muy buenos amigos desde hace años, y también ha sido mi cliente». Ronaldo responde con un comunicado de prensa: «La noticia es completamente falsa y difamatoria. He estado con esta señora una única vez, hace cerca de dos años». Los abogados de Ronaldo hicieron el resto.

En febrero de 2011 aparece el nombre de Ronaldo ligado a Karima El Mahroug, alias *Ruby Robacorazones*, la chica que llevó a juicio al primer ministro italiano, Silvio Berlusconi, por abuso de poder y prostitución de menores. Ruby declaró haber conocido a Ronaldo el 29 de diciembre de 2009 en un restaurante. Ella era menor de edad. Tenía solo 17 años. «Me piropeó y nos dimos nuestros móviles. Unas tres semanas después quedamos e hicimos el amor en un hotel. Dormimos juntos y a la mañana siguiente me desperté y Cristiano no estaba. Me encontré con un mensaje que decía: "Espero que cuando vuelva, no te encuentres en mi habitación". También había un sobre con 4.000 euros.» Un par de semanas después, según detalla el diario *La Repubblica*, Ruby volvió a encontrarse con el jugador en la discoteca The Club en Milán. Allí Ruby le recriminó su comportamiento y ambos discutieron públicamente. La joven aseguró que le lanzó una copa de champán a la cara y los 4.000 euros, en billetes de 500. El último encuentro entre la joven y el futbolista tuvo lugar en junio de 2010, cuando ambos coincidieron frente al restaurante Ibiza de Milán. Según Ruby, Ronaldo le pidió perdón justificando su poca caballerosidad de la siguiente forma: «Pensaba que eras una chica como todas las demás, que me buscabas solo por dinero».

Cristiano Ronaldo y su entorno calificaron de montaje toda

la historia de *Ruby Robacorazones* y el propio jugador zanjó el asunto con estas palabras: «Yo no conozco a esta joven. Nunca he tenido una cita con ella. Soy víctima, una vez más, de la prensa amarilla. Como en otras ocasiones no mostraré ninguna contemplación con aquellos que impliquen mi nombre en historias sórdidas y que no muestren ningún respeto por la dignidad de los demás ni por las normas de su profesión».

No faltan también episodios de acoso. El más conocido lo ha contado varias veces el propio Ronaldo, una de ellas a la revista *Hello!*: «Una mujer holandesa literalmente acampó frente a mi casa en Manchester. Saltó la reja y me dijo que me vio una vez en Holanda y que yo la había mirado de un modo especial. Por eso estaba allí en la puerta de mi casa. Y no tenía dinero ni lugar donde quedarse». El futbolista pagó 200 libras por el billete de vuelta a casa de la mujer y encargó a su amigo Rogerio que se asegurara de que subía al avión. «Pero en menos de un mes estaba de nuevo parada en mi puerta», sigue contando Ronaldo. «En ese momento no tuve tanta paciencia y amenacé con llamar a la policía. Ella se fue y no volvió a aparecer.»

Historias del pasado porque el seductor Cristiano desde la primavera de 2010 mantiene una relación estable con Irina Shayk, de profesión modelo. Irina Shayjlislamova nació el 6 de enero de 1986 en Emanzhelisk, un pequeño barrio en la ciudad de Yemanzhelinsk, de la República de Bashkortostan, Rusia. Ha protagonizado campañas de Guess, Lacoste y La Perla. Ha sido la imagen de Intimissimi, marca de lencería italiana. El 15 de febrero de 2011 consiguió su primera portada en el especial Swimsuit de la revista *Sport Illustrated*. La primera rusa en obtener este reconocimiento. Una carrera profesional que empezó con 18 años, tras ganar el concurso de belleza de Miss Cheliabinsk'2004. Un estilista le dijo que tenía la posibilidad de trabajar como modelo y un año después estaba en París contratada por la agencia Traffic. Allí empezó a subir peldaños en el mundo de la moda hasta convertirse en una de las modelos más cotizadas por las revistas internacionales. Proviene de una familia humilde, como Cristiano. Su padre, minero, murió cuando ella tenía solo 14 años y su madre no lo pasó bien para sacar a la familia adelante.

Irina es una mujer de carácter que parece haber conseguido

lo que ninguna antes pudo lograr: que CR7 siente la cabeza. Tanto que el jugador blanco le ha abierto, desde principios de 2011, las puertas de su mansión en la urbanización madrileña de La Finca por la que paga 15.000 euros de alquiler al mes. Los dos han pasado días de vacaciones juntos en las islas Maldivas, en Nueva York y en Madeira con toda la familia de Cristiano y el pequeño Junior. Mamá María Dolores parece ver con buenos ojos a la chica y ya se habla de boda inminente. Según el diario *The New York Post*, la pareja se podría haber comprometido, a principios de julio de 2011, mientras disfrutaba de unas románticas vacaciones en Turquía. Irina y Cristiano fueron fotografiados cuando paseaban por la playa. Ella llevaba un anillo de diamantes en la mano derecha. La prensa rosa portuguesa no necesita más detalles y adelantan la fecha de la boda: 12 de julio de 2012. Unos días después de la conclusión de la Eurocopa que tendrá lugar en Polonia y Ucrania.

Sin títulos

Triste y frustrado

*E*l despertador suena muy temprano. La cita es el viernes 10 de julio de 2009, a las ocho y media de la mañana en la Ciudad deportiva del Real Madrid, en Valdebebas, situada a quince kilómetros al norte de la ciudad. Antes del primer entrenamiento de la temporada, análisis de sangre, desayuno y después hay que pasar por las manos de los sastres para tomar medidas de los trajes oficiales del equipo firmados por Hugo Boss. Un alfiler por aquí, un retoque por allí y llega el momento de la foto. Nervios y caras sonrientes en este primer día de escuela. Terminadas las pruebas de sastrería y el posado, poco a poco los 29 convocados (falta Kaká, el otro fichaje estrella de Florentino Pérez, que ha disputado con Brasil la Copa Confederación) salen del vestuario. Césped recién cortado, porterías blancas en el medio del campo, golondrinas que vuelan bajo, gradas desiertas, sillas que dibujan el nombre del Real Madrid. En el horizonte, barrios residenciales en continua expansión y las cuatro torres de vidrio y acero que brillan bajo el sol.

En el segundo piso de la instalación, la terraza de la sala de prensa está a tope: un ejército de cámaras y micrófonos espera, impaciente, que Cristiano aparezca en escena. Raúl, el capitán blanco, es el primero en pisar el césped y, poco a poco, llegan los demás. Con camiseta blanca de trabajo y pantalón negro aquí está Cristiano Ronaldo. Los motores de las cámaras fotográficas parecen haberse vuelto locas. No paran... Todos los jugadores hacen corro en el centro del campo para la primera charla técnica del entrenador Manuel Pellegrini y de sus colaboradores. Cinco minutos de carrera, ejercicios de estiramiento y balón. Cristiano se junta con Pepe, su compañero de selección portuguesa, charla con Marcelo, el lateral brasileño, y con Gabriel Heinze, a quien conoce de su etapa en Manchester. Heinze también jugó en el Sporting de Lisboa cuando Ronaldo era un recogepelotas de la Academia del equipo portugués.

Tres días de trabajo en Valdebebas y el 13 de julio el Real Madrid sale con destino a Dublín, Irlanda. La base de operaciones de la pretemporada es el Carton House Hotel, un edificio victoriano del siglo XVIII, antigua vivienda de los duques de Leinster, en el que se hospedaron la reina Victoria, el príncipe Raniero de Mónaco y Grace Kelly. Cristiano Ronaldo es el centro de todas las miradas. Los aficionados intentan verlo entre el verde de los campos de golf del hotel. Y la prensa inglesa lo acorrala. Le acompaña a todos lados un *armario* de dos metros. Seguridad del hotel. Pero él no se siente cómodo «con la sombra vestida de oscuro» y el Madrid decide retirarla.

En estos primeros compases de la pretemporada Cristiano sorprende a sus compañeros. Michel Salgado, el defensa gallego, proclama: «Ronaldo va como un avión» y está convencido de que «le dará una subida de nivel muy importante al equipo, ofrece verticalidad, velocidad y regate». Ezequiel Garay, el argentino recién llegado a la corte blanca, sostiene que «verlo entrenar da gusto». El capitán, Raúl, dice: «Es un chico normal y trabajador». Y Pellegrini: «Una cosa es la imagen que se da exteriormente y otra como es el jugador. No tiene ninguna pose de estrella. Es el primero en llegar a los entrenamientos. Se ha integrado rápido en un club como el Real Madrid y con sus compañeros». Cristiano se sienta en las comidas con Raúl, Heinze, Guti, Salgado y Benzema. Las sobremesas son largas. El portugués se siente a gusto y comenta en su primera rueda de prensa en Irlanda: «Los jugadores me acogieron muy bien. No esperaba un recibimiento así. Miraba los periódicos y no decían cosas muy buenas. Sin embargo, llegué y estoy muy feliz aquí. Las personas que hablaban de que había mal ambiente en el vestuario del Real Madrid están equivocadas».

El primer amistoso se juega el 20 de julio contra el Shamrock Rovers FC. El Tallaght Stadium está a rebosar. Todos quieren ver al Madrid y su nueva estrella contra los Hollies, el equipo con más títulos de Irlanda (15 Ligas y 24 copas) y, en ese momento, segundo en el campeonato. Cristiano es titular y dueño de la banda derecha. «No me marcarán ni él, ni ningún otro jugador del Madrid», había prometido antes del partido Barry Murphy, el guardameta de los Hollies. Es verdad que Cristiano no llega a perforar la red irlandesa pero, en los 45 minutos que permanece en el campo, construye las mejores ocasiones de los blancos y muestra todo su repertorio de bicicletas, de arrancadas, de regates. Un buen debut que termina con la victoria del Madrid por 1-0, gol de Benzema.

La pretemporada es larga: ocho partidos entre Peace Cup, gira por Estados Unidos, Trofeo Santiago Bernabéu. Ronaldo juega 603 minutos y totaliza tres goles (dos menos que Raúl y Karim Benzema). En algún periódico ya se habla del síndrome Zidane, que sufrió de ansiedad en sus primeros partidos con el Madrid. Pero cuando empieza de verdad la temporada todo cambia. Sus actuaciones y su promedio goleador son impresionantes. El 29 de agosto, primera jornada de la Liga, en el Bernabéu, contra el Deportivo de la Coruña, marca su primer tanto en un partido oficial. Un penalti que adelanta al Real Madrid. Lo celebra mirando a la grada con un salto y un puño en el aire. Después de cinco partidos su botín es ya de siete goles. Son para enmarcar el eslalon que protagoniza contra el Villarreal (parte de medio campo, deja atrás tres rivales y concluye con un disparo seco que Diego López no puede detener) y el doblete que firma en Zurich, estreno en Champions League (dos lanzamientos de falta con el balón que viaja a más de 100 kilómetros por hora).

Un arranque absolutamente fantástico, el mejor de su carrera y uno de los comienzos más deslumbrantes para un debutante en el Real Madrid. Hay solo una cosa que, en estos primeros compases, a Cristiano no le sienta bien: ser sustituido. Ya ha pasado una vez que Pellegrini decidió cambiarlo, la segunda llega en el minuto 79, contra el Tenerife, el 26 de septiembre, en el Bernabéu. Ronaldo, que no había marcado por primera vez, se marcha enfadado, se mete en el banquillo sin estrechar la mano tendida del míster y da una patada a un balón que hay ahí cerca. ¿Un feo a Pellegrini? El entrenador quita hierro al asunto: «Es un tema sin ninguna importancia. A ningún jugador del mundo le gusta ser sustituido. No veo ningún problema». El técnico chileno desde hace tiempo ha decidido que las rotaciones son importantes para dar descanso a sus estrellas visto el número de partidos que el Real tiene que disputar, pero a Cristiano no le gusta, quiere jugar todos los minutos. Como dice Jorge Valdano: «Ronaldo es un jugador muy ambicioso y sufre auténtica ansiedad por marcar, y por hacer algo grande».

En pocas palabras, quiere ser siempre el protagonista. Y estar siempre en el campo. No será así porque la mala suerte está detrás de la esquina y aparece tres días después del partido contra el Tenerife. El 30 de septiembre, segundo encuentro de Champions contra el Olympique de Marsella. Cristiano marca dos goles y provoca un penalti, pero se retira lesionado. Souleymane Diawara, hosco defensor transalpino, lo arrolla en el área. Una dura entrada al tobillo derecho. Tendido en el suelo Ronaldo se queja por el dolor, llega a levantarse, cojea y deja que Kaká lance el penalti. Lesionado marca el tercer tanto, pero en el minuto 66 lo sustituye Gonzalo Higuaín y contempla el resto del partido con una bolsa de hielo en el tobillo. El veredicto de los médicos habla de fuerte contusión con esguince en el tobillo derecho. Dos o tres semanas de baja. No juega el partido contra el Sevilla, primera derrota de los blancos en el campeonato, pero vuela a Lisboa para incorporarse a la concentración de la selección lusa.

Portugal se enfrenta a Hungría y a Malta para la clasificación del Mundial 2010. Cristiano dice que se siente bien. Incluso sabiendo que no está al cien por cien se esfuerza para ayudar a su país, algo muy importante para él. Pero contra Hungría, el 10 de octubre, su presencia en el campo dura solo 27 minutos. Vuelve a romperse. Recae de su lesión de tobillo. «Probablemente perdí a Cristiano Ronaldo para jugar el miércoles contra Malta. He hablado con el equipo médico —dice Carlos Queiroz, el seleccionador luso— y las sensaciones no son positivas.» Nada positivas, tanto que la Federación Portuguesa le da permiso para abandonar la concentración y someterse a una reevaluación clínica del tobillo derecho. El diagnóstico de los servicios médicos del Real Madrid habla de esguince de ligamento lateral interno grado I-II, con inflamación y edema óseo en astrágalo.

Una lesión que le retirará de los terrenos de juego durante tres o cuatro semanas, en las que se perderá el partido liguero frente al Atlético de Madrid y el de Liga de Campeones ante el Milan. «Me entristece mucho volver a lesionarme. No soy el salvador de la patria, pero quería ayudar a mis compañeros del Real Madrid», declara a *O Jogo* el portugués. No podrá ayudarlos durante 55 días. Dos larguísimos meses en los que hay de todo: el *brujo* Pepe, el *alcorconazo*, el viaje a Ámsterdam, la polémica entre el Real Madrid y la federación portuguesa. Vamos por orden.

El *brujo* Pepe. A mediados de septiembre el Real Madrid ha recibido una carta dirigida a Florentino Pérez donde se lee: «Yo no soy antimadridista. No tengo nada contra este gran club. Soy un profesional y me pagan muy bien por usar mis poderes. Me han contratado para que Cristiano Ronaldo sufra una grave lesión. No puedo asegurar que se vaya a tratar de una lesión grave, pero sí que estará de baja más tiempo que jugando». En el club blanco la califican como «una locura, como cualquier otra con las que el Madrid se topa a diario». En el entorno del futbolista tampoco se concede ninguna trascendencia al suceso, pero pocos días después llega la lesión y la recaída en Portugal. Y la sombra del *brujo* Pepe, el autor de la misiva, empieza a dar miedo. También porque Pepe, 57 años, de Málaga, que cobra 30.000 euros por su *trabajo* sobre Cristiano, a cada entrevista se hace más amenazador. En octubre, al diario luso *Correio da Manhã,* el *brujo* español explica que Ronaldo después de esta lesión sufrirá un nuevo golpe y entonces «tendrá que parar durante dos o tres meses y luego vendrá la lesión final y nunca más jugará al fútbol».

¿Quien ha podido contratarle para hacer tanto daño al futbolista? «Se trata de una venganza de una mujer que no habla español, no es portuguesa y tiene menos de 30 años. Procede de una familia poderosa, tuvo relaciones con Ronaldo, le abrió las puertas de la alta sociedad y él después la rechazó», declara el chamán español. Y los medios inmediatamente sacan a relucir el nombre de Paris Hilton, la heredera estadounidense con quien Ronaldo tuvo una aventura en el verano justo antes de llegar al Madrid. El *brujo* ni niega ni confirma. Sabe que la madre de Cristiano ha contratado a Fernando Nogueira, el *brujo* portugués de Fafe (ciudad lusa cercana a Braga), que utiliza la magia blanca. Magia negra y vudú contra magia blanca, la absurda guerra está declarada mientras el pobre Cristiano intenta recuperarse pese a la maldición. Muchos aficionados encienden velas a la Virgen pidiéndole, por el bien del Madrid, que quite el mal de ojo al portugués.

Alcorconazo: Alcorcón es una ciudad dormitorio de unos 168.000 habitantes a quince kilómetros del centro de Madrid. Desde 1971 tiene un equipo de fútbol: la Agrupación Deportiva Alcorcón que navegaba entonces en la Segunda División B. El 26 octubre recibe en su estadio, el Municipal de Santo Domingo, al Real Madrid. Partido de ida de los dieciseisavos de la Copa del Rey. No hay color entre los amarillos y los blancos, un club de un millón de euros contra uno de 445, un equipo donde el futbolista que más gana se lleva 6.000 euros al año y trabaja en una pizzería frente a los 13 millones de euros de Ronaldo, que no juega, como tampoco juegan Casillas, Sergio Ramos, Xabi Alonso y Kaká. En todo caso, la formación que pone en el campo el técnico chileno (Dudek, Arbeloa, Albiol, Metzelder, Drenthe, Granero, Guti, Lass Diarra, Van der Vaart, Raúl, Benzema) es de gran nivel. Pero el resultado final es algo absolutamente increíble: 4-0 para el Alcorcón.

«Humillación», «derrota histórica», «el ridículo del siglo» son los titulares de los periódicos el día después. Y *Marca*, a toda primera página, al lado de una foto de Pellegrini, titula simplemente «¡Vete ya!». No han pasado ni cuatro meses desde su nombramiento y el banquillo del entrenador tiembla. Él dice que se siente fuerte y no va a dimitir, pero ya le buscan sustituto. Al parecer nunca llegará a comerse el turrón. Lo habían criticado duramente por el juego del equipo y las derrotas ante el Sevilla y el Milan. Ahora ya lo han puesto en la parrilla. Tiene dos partidos para salvarse: en Liga contra el Getafe, y en San Siro contra el Milan en la vuelta de Champions. Una victoria contra los vecinos y un empate en Milán y el técnico puede respirar.

Ámsterdam. El 4 de noviembre, después de que los médicos han verificado que las terapias sobre la lesión en el tobillo no han dado los resultados esperados, Cristiano Ronaldo tiene que volar a Ámsterdam para ver a Cornelis van Dijk. El especialista en traumatología y cirugía ortopédica conoce bien los problemas del tobillo de Cristiano. Lo operó el 8 de julio de 2008 después de la eliminación de Portugal de la Eurocopa. Tenía que estar fuera cuatro meses y regresó a los entrenamientos del Manchester después de dos. Pero las primeras impresiones son de miedo. Hablan de dos o tres meses lejos del fútbol. Las predicciones del brujo parecen hacerse realidad. Por suerte no será así. Veinte días después Cristiano volverá a pisar el césped del Bernabéu, pero antes estalla la polémica con la federación lusa y se cierra el capítulo sobre la Copa del Rey.

Carlos Queiroz decide convocarlo para los partidos contra Bosnia. La *seleção* se juega la clasificación para el Mundial 2010. Manuel Pellegrini se muestra comprensivo: «Es normal que él quiera estar y que el seleccionador quiera ponerlo, pero hay un tema médico. Lo veo muy complicado para el jugador y para Portugal. Cristiano tiene un tratamiento médico que está siguiendo». El Real Madrid, que nunca ha comprendido porqué jugó contra Hungría, reacciona enviando una carta firmada por el mismo Cristiano y por Jorge Valdano, más los informes médicos del club y del doctor Van Dijk. Es una batalla para evitar que viaje a Lisboa. El club blanco la gana, Cristiano se queda para seguir con la recuperación. Pero el 10 de noviembre, en el partido de vuelta con el Alcorcón, todavía no tiene el alta médica. Sin él, los nuevos galácticos solo pueden marcar un gol que no sirve para remontar el resultado de la ida. El Real Madrid está fuera de la Copa del Rey. Se esfuma el primer trofeo posible.

25 de noviembre, Estadio Bernabéu, Real Madrid-Zúrich, minuto 70, Cristiano Ronaldo releva a Raúl y el público de Chamartín lo acoge como al héroe que regresa a casa después de un largo viaje. Que el tobillo del portugués esté bien es lo más festejado del partido de vuelta de la Champions. En los 20 minutos que juega deja ver algunos juegos de piernas, una rabona que no llega a buen fin y un disparo que Leoni, el guardameta suizo, neutraliza con dificultad. Parece que se ha recuperado. En total con el Madrid se ha perdido 10 partidos (seis de Liga, dos de Champions y los dos de Copa contra el Alcorcón). Calculan que su baja ha costado al club blanco 1,7 millones de euros. Pero a estas alturas de la temporada, Copa del

Rey al margen, nada está perdido. El Madrid es líder de la Liga con un punto de ventaja sobre el Barça y salvo otro *alcorconazo* en Marsella está clasificado para los octavos de final de la Champions League. Llega el clásico justo cuatro días después de su reaparición.

Llueve sobre el Camp Nou. Cristiano sale a la cancha corriendo, luce su físico y su pelo engominado. El público entona un cántico que estrenó hace nueve años contra Luis Figo cuando traicionó a los blaugrana para vestirse de blanco: «¡Ese portugués, qué hijoputa es!». Será el refrán de toda la noche. El número 9 pasa de los insultos y se pone a jugar. El Madrid en la primera parte es poderoso, rápido, eficaz y letal en la contra. Por un buen rato tiene el partido entre sus manos gracias a Kaká, que ejerce de segundo delantero y a Cristiano en el sitio que más le gusta. Es el que, a la media hora de partido, encumbra la ofensiva blanca. Manuel Pellegrini sale a la zona técnica y grita a Ronaldo: «Ábrete, ábrete». El número 9 cumple la orden y se aleja en el espacio abierto entre Henry y Abidal. Marcelo saca de banda por Kaká, que encara a Alves y a Puyol, y se va. Ve un espacio libre y sirve para Cristiano a la espalda de la defensa blaugrana. Piqué, esta vez, se ha olvidado de él. El número 9 está solo delante de Valdés, que sale a taparle el ángulo de tiro. Un mano a mano que puede ser letal. Cristiano golpea con el empeine apuntando al segundo palo pero la jugada no le sale bien: le da con el tobillo derecho, el de la lesión, y el balón sale demasiado centrado. El guardameta del Barça puede atraparla. El Camp Nou resopla aliviado. Y el portugués, por cuarta vez, se queda sin marcar frente al eterno enemigo.

En los 66 minutos que está en el campo, antes de ser sustituido por Benzema, Ronaldo demuestra un buen estado de forma, no se cansa de encarar y de pedir el balón pero, en la segunda parte, los catalanes le cierran muy bien. El Barça sale fuerte y es Ibraimovich, el nuevo fichaje blaugrana (cuarenta y cinco millones de euros más el pase de Samuel Eto'o al Inter), el que fusila a Casillas rematando un centro de Alves. Es el 1-0 que fija el resultado y permite al Barça recuperar el liderazgo de la Liga dejando a los blancos a dos puntos. El pulso por el título será fabuloso y durará hasta la última jornada. El 6 de diciembre, malas noticias para Cristiano: Messi recibe el Balón de Oro de *France Football* arrebatándoselo a Ronaldo: 473 puntos contra los 233 de Ronaldo. Una clasificación que se repite el 21 de diciembre en la Ópera de Zúrich, en la gala del FIFA World Player 2009. 1.073 puntos para el pequeño argentino, el triple de votos que Cristiano Ronaldo, segundo con 352. Nadie puede con *la Pulga* y con el año fantástico del Barcelona que ha sumado seis títulos (Liga, Champions, Copa del Rey, Supercopa de España, Supercopa de Europa y Mundial de Clubes). Pero en enero los blaugrana fallan: el Sevilla los elimina de la Copa del Rey. Aunque en la Liga siguen mandando y le sacan la máxima ventaja: cinco puntos al Real Madrid. Cristiano es portada el 25 de enero y no por sus goles. Se juega en el Bernabéu contra el Málaga y el portugués monopoliza el partido. Después de tres encuentros de liga sin marcar, mete dos goles espectaculares que ponen la palabra fin. Lástima que suelte un codazo, inútil, a Patrick Mtiliga, que lo agarra por la camiseta. Roja directa. La segunda del curso, la primera había sido contra el Almería. Le pegó una patada a Juanma Ortiz, pero Cristiano, aquella misma noche, se excusó: «Ha sido un gesto propio de la tensión del momento. Pido disculpas a todos». Le cayó un partido de sanción y se perdió el duelo en Mestalla contra el Valencia. Lo del codazo a Mitlinga, al contrario, no le parece una falta merecedora de la expulsión. Primero se arrodilla en el césped, después muestra al público y al árbitro como el jugador del Málaga le agarraba la zamarra. Y cuando el malaguista Toribio le dice: «Ven a ver lo que has hecho a mi compañero». Cristiano le contesta: «¿Y tu quién eres? No ves que me ha agarrado». Al fin se va hacia el túnel de vestuarios diciendo no con la cabeza. A los periodistas les dice: «No puedo hacer ningún movimiento. Toco al adversario y es roja. Eso no es roja. Podéis interpretarlo como queráis, pero cualquiera que entienda de fútbol se da cuenta de que eso no era expulsión porque mi intención no es hacer daño al rival».

Pérez Lasa, el árbitro, en su acta escribe: «Vio la roja por golpear con el brazo en la cara a un rival provocándole una hemorragia, por lo que tuvo que ser sustituido». No. Cristiano no está convencido. Piensa que es una conjura contra él. Y lo dice «Tengo la sensación de que ocurre conmigo por ser quien soy».

Es verdad que después el número 9 blanco baja al vestuario del Málaga, se disculpa con el defensa adversario y se asusta al ver que su nariz no esta en su sitio. Está rota. Pero sigue con la misma convicción sobre la tarjeta. Y la polémica en los periódicos está servida. Lo llaman héroe y villano, el mal y el bien, y *El País* titula: «Cristiano, fuera de control. El Madrid admite que es difícil frenar la personalidad del portugués».

Valter di Salvo, su preparador físico en el Manchester, explica: «Su trayectoria en el Madrid será siempre así: momentos de gloria y momentos más complicados. Hasta que consiga asentarse y librarse de la tensión en la que vive. Se afana por demostrar que es el mejor porque la gente se lo pide. Es difícil controlarse cuando vives permanentemente bajo presión. Y él la tiene. En Inglaterra salía en la prensa cada 15 días y aquí a diario y se lleva la presión de Benzema y Kaká». Jorge Valdano lo defiende: «Forma parte de su personalidad. Sale al campo con una sobreexcitación. También es gracias a eso que consigue cambiar los partidos». Pero no todos están de acuerdo. En la Casa Blanca muchos se preocupan de su ego y, más prosaicamente, del hecho de que en doce partidos de Liga ya ha cosechado la mitad de las expulsiones que cosechó en cinco años con el Manchester.

Entre polémicas y racimos de goles se llega al 16 febrero de 2010, octavos de final de la Champions League. Un momento clave de la temporada porque ya son cinco años en los que el Madrid no pasa esta fase, porque la final de Champions este año se juega en el Bernabéu. Sería el escenario soñado para ganar la Décima copa de Europa. El adversario es el Olympique de Lyon, el exequipo del ahora madridista Karim Benzema. Partido de ida en Gerland, donde los blancos nunca han marcado pero han encajado un 2-0 y un 3-0. Esta vez todo parece diferente visto el equipazo que ha montado Florentino Pérez. Pero sale una noche mala: el Madrid no se parece a sí mismo, no sabe hacer lo que ha hecho en la Liga, no sabe por donde coger al equipo de Claude Puel, bien dispuesto en el terreno de juego, muy físico y que tapa bien los espacios. Tanto que en el primer tiempo los blancos rematan una sola vez a portería y fuera de los tres palos. No saben responder al gol de Jean Makoun, un trallazo a la escuadra de la portería blanca que nadie, ni Casillas, ve venir. Los hombres de Pellegrini reaccionan solo en los últimos quince minutos con un asalto a la portería de un Lloris perfecto. El guardameta francés salva un disparo de Cristiano volando al otro palo y deja su red a cero. Nadie duda que el Madrid pueda dar la vuelta a la tortilla en el Bernabéu, pero el Madrid se ha metido en un buen lío. Tanto que antes de la vuelta Cristiano toma la palabra: «Tenemos que demostrarle al Lyon que quien manda en el Bernabéu somos nosotros». Y así parece, al menos en la primera parte. El Madrid es un equipo devastador, imposible aguantar su embestida. Cristiano es un huracán, de nada sirve reforzar las puertas con maderas ni poner sacos de arena en las ventanas. Es un vendaval por todo el frente de ataque. Guti ve el desmarque del portugués que se ha metido entre Rèvelliére y Cris. Le llega el pase y él remata mordido con la zurda. El balón pasa entre las piernas del pobre Lloris. Es el minuto 6 y es el preludio de una avalancha de ocasiones. Para los blancos todo parece indicar que el Lyon se irá del Bernabéu con un saco de goles a la espalda. La realidad será diferente, porque esto es el fútbol, donde algunas veces el dinero no cuenta. Y los blasones y los balones de oro tampoco. Así que Miralem Pjanic, en el minuto 75, empata y deja fuera por sexta vez consecutiva al Madrid de la Champions.

Un desastre, un fracaso… aunque nadie de la plantilla lo admite. Pero los periódicos madrileños son contundentes. «Catástrofe», titula *As* mientras que *Marca* insiste con Pellegrini: «Fuera», es el lapidario titular. *El País* escribe: «El fútbol no tiene precio. El Lyon baja a la tierra el grandilocuente proyecto de Florentino Pérez». Sí ahora para el megaproyecto deportivo queda solo la Liga donde la carrera con el Barça sigue. La Jornada 31 es el día de la verdad: en Chamartín se juega Real Madrid-Barcelona. Al final del partido Cristiano pasa como un rayo por la zona mixta y deja solo esta única impresión: «Cuando un equipo gana es porque es mejor. Hay que aceptar las críticas. Hoy el Barcelona ha sido mejor que nosotros desde que ha marcado el primer gol». Y el primer gol lo ha marcado Lionel Messi, 40 segundos después que Sergio Ramos le hubiera propinado un golpe en la cara. En una jugada sin importancia en la banda izquierda, el rosarino aparece de la nada, anima a Maxwell para que saque la falta con rapidez, recibe, toca para Xavi que le devuelve la pelota en el área y bate a Casillas. Un mazazo para las ilusiones blancas. Messi, todo lo contrario de Cristiano. El argentino casi es invisible hasta el gol. Perdido en el medio del campo parece ausente. Cristiano a su lado se hace notar. Las balones largos le llegan siempre, golpea de cabeza, prolonga la trayectoria, los baja, corre, pide la bola, dicta el pase, encara, se enfrenta una y otra vez con Piqué, dibuja trazos de los tres cuartos de campo para arriba. El luso es una presencia constante: energía, determinación, voluntad, ganas de demostrarlo todo en una jugada. Pero esta vez no le sirve, a pesar de derrochar tanta fuerza, su contribución no basta para que el clásico cambie de cara. La historia concluye con el segundo gol de Pedro. Messi y Pep Guardiola han ganado la partida de ajedrez a Ronaldo y a Pellegrini.

El Barça retoma la cabeza de la Liga con tres puntos de ventaja (80 a 77) sobre el rival. Pero el Madrid no se rinde. En la jornada 35 bate el récord de victorias en una liga: 29. Y el mérito es de Cristiano: mantiene al Madrid enganchado al Barça, llega al rescate del equipo una y otra vez, da la cara por sus compañeros, encarna el espíritu de Juanito, protagoniza remontadas en el último suspiro, como contra el Osasuna, el 2 de mayo. Y responde a los dos tripletes consecutivos de Messi (contra el Valencia y el Zaragoza) con tres goles como tres soles en el campo del Mallorca. Él solo mantiene la presión sobre el líder, que ha sido eliminado en la semifinal de la Liga de Campeones contra el Inter de Mourinho, y no puede jugar la final en el Bernabéu. Hay solo un punto de diferencia entre los dos colosos del fútbol español en la jornada 37. Barça y Real han viajado tan deprisa que el Valencia, tercer clasificado, se quedará a 28 puntos de la cima.

El domingo 16 de mayo, última jornada de la Liga, es el fin de la carrera. El Barcelona golea al Valladolid (4-0) con una gran actuación y el Madrid acaba firmando tablas contra el Málaga en La Rosaleda. Los blaugrana festejan su vigésimo título de Liga y el récord de puntos, 99 contra los 96 de los blancos. Todo el campeonato ha sido un reto fabuloso entre dos gigantes. Cristiano Ronaldo ha marcado, a pesar de los dos meses lesionado, 26 goles en Liga y siete en Champions (Messi, 34 en

Liga y ocho en Champions), números que han llevado el Real Madrid a 102 goles contra los 98 del Barça. Cristiano ha encandilado al público del Bernabéu y a todos los aficionados blancos. Ha convencido a sus compañeros. Quien pensaba que fuese un bicho raro, un narcisista con pose de estrella de Hollywood, ha descubierto a un tipo normal, afectuoso, generoso, que dice siempre lo que piensa, y sobre todo un competidor nato.

Casillas resume el sentir del vestuario diciendo que: «Cristiano tiene una mentalidad ganadora: sabes que en un partido te va a dar ese plus, esa facilidad para desequilibrar y esa disposición mental». En una palabra ha sido una sobredosis de adrenalina para un equipo cansado. Ronaldo ha fascinado a Manuel Pellegrini que llegó a decir, aunque no fuera del todo verdad: «He puesto al Madrid a jugar para él». El portugués ha tranquilizado a los directivos del club, que tenían miedo de sus salidas y fiestas nocturnas, de sus líos de faldas, de verlo un día sí y otro también en las portadas de la prensa rosa. El hombre sale poco por la noche y es un profesional que ante todo piensa en el balón. Después, cuando llegan los días libres o las vacaciones es otra historia. Sí, Cristiano ha dividido opiniones: los anticristiano y los incondicionales. Cada uno defiende su barricada. Pero es indudable que el traspaso más caro en la historia del fútbol ha sido rentable como imagen, como resultado y como márketing.

Nada que ver con la dudas que han generado los otros dos grandes fichajes de la segunda etapa de Florentino: Kaká y Benzema que no han logrado dar lo que se esperaba de ellos. En una palabra, un balance más que positivo. Pero no para Cristiano, un insatisfecho por naturaleza. Así que repasando su temporada en una entrevista a *Público* dice: «Me siento frustrado y muy triste porque no hemos ganado ninguna competición. ¿La culpa? Es de todos». Pero no se sorprende que la dirección haya apuntado a Pellegrini: «El fútbol es bello, pero tiene sus propias normas. Y el entrenador es siempre el eslabón más débil de un equipo. Siempre fue así y siempre lo será. No hay nada que hacer». Explica que el Real Madrid ha sido «un equipo en construcción. Fueron contratados muchos jugadores y un equipo no se construye de un día para otro. Tenemos grandes jugadores, es innegable, pero no tenemos un equipo tan completo, tan integrado, tan simétrico como el Barcelona». De los rivales, dice: «El Barcelona sumó 99 puntos en la Liga, por lo que es obvio que debe ser reconocido como un campeón justo. A quien le gusta el fútbol tiene que admirar los buenos espectáculos. El Barcelona practica un fútbol atrayente, bien jugado y yo, como aficionado al buen fútbol, estaría mintiendo si dijese que no me gusta ver jugar al Barcelona. Me gusta, pero también me gusta mucho ver jugar al Madrid. Todavía no tenemos un equipo como el de ellos pero lo vamos a tener. Solo necesitamos tiempo para conseguir los títulos y estoy seguro de que la próxima temporada será completamente diferente». Pero antes se celebra el Mundial en Sudáfrica. Un buen lugar para acabar con las frustraciones de la Liga.

España-Portugal

Mundial de Sudáfrica

«*L*os goles son como el ketchup. Le cuesta salir, pero cuando sale lo hace todo junto, de golpe.» La frase no es de Ronaldo. Se atribuye a Ruud van Nistelrooy. El destinatario era Gonzalo Higuaín y el holandés trataba de animar a su compañero, que llevaba un tiempo sin marcar. Lo mismo que le pasaba a Ronaldo con la selección portuguesa. Cristiano llevaba quince meses sin marcar, buena parte de la fase de clasificación para Sudáfrica, y esperaba desatascar el ketchup cuanto antes. En la primera rueda de prensa que el capitán de la *seleção* ofrece el 13 de junio 2010 en Magaliesburg, ciudad sudafricana donde se concentra Portugal, aparece sonriente, relajado y motivado ante el reto del Mundial. «Quiero ser el mejor del campeonato. No voy a decir que voy a ser el máximo goleador, ni nada de eso, sino que voy a darlo todo para intentar ser el mejor. Soy ambicioso. Y eso significa que vengo dispuesto a jugar bien, hacer un buen mundial y ayudar a mi equipo a ganar, pero no vengo a demostrar nada a nadie.»

Portugal está encuadrada en el grupo G junto a Brasil, Corea del Norte y Costa de Marfil. Un grupo difícil. Si Portugal pasa la liguilla previa tiene opciones de enfrentarse a España. «Sería divertido —dice Cristiano a los periodistas españoles— y significaría que superamos la fase de grupos, que es nuestro gran objetivo. Después ya veríamos lo qué pasa. España es una de las favoritas, la veo como candidata a ganar el Mundial. Tiene un gran equipo, pero no le tengo ningún miedo y si nos toca enfrentarnos a ellos intentaremos ganarles.»

Portugal pasa la primera fase imbatida. Y es la única selección de las 32 del Mundial que no ha recibido goles. Una racha que viene desde atrás: los lusos solo han encajado un gol (contra Camerún en un amistoso) en 11 partidos y llevan 18 sin perder. Carlos Queiroz, el seleccionador luso, ha sabido construir una defensa que deja pocos huecos. Y el guardameta Eduardo, una grata sorpresa, es muy difícil de superar: 0-0 contra Costa de Marfil, 7-0 contra Corea del Norte, 0-0 contra Brasil. Portugal se planta con cinco puntos en octavos como segundo de grupo detrás de la *canarinha*. El 29 de junio se enfrentará en el estadio de Green Point, de Ciudad del Cabo, a España, primera del grupo H, a pesar de la derrota en el primer partido contra la Suiza de Ottmar Hitzfeld. Todo ha sucedido tal y como se pronosticaba antes del comienzo del torneo.

El partido entre Portugal y España siempre es especial por la rivalidad histórica, cultural, social y futbolística de dos países vecinos. Es un derbi peninsular, según Queiroz, «con la misma intensidad de un Argentina-Brasil». Nunca las dos selecciones se han encontrado en un Mundial. De 32 partidos en los que se han enfrentado España ha ganado quince, Portugal cinco, y doce empates. El último gran encuentro entre ambos fue en la Eurocopa de Portugal y España perdió (1-0) y quedó eliminada del torneo el 20 de junio de 2004. El partido de Sudáfrica, seis años después, también es a vida o muerte. Y hay que añadirle el factor Ronaldo.

Cristiano ha aterrorizado las defensas españolas en la Liga, ha sido capaz de ganar partidos él solo, es la figura de la selección portuguesa y una de las estrellas del mundial junto a Messi. Es verdad que con Portugal no ha sido capaz de brindar actuaciones estelares o de mostrar lo que ha enseñado al público español, en su primer año con la camiseta del Real Madrid, pero en Sudáfrica, contra Corea del Norte, ha roto el maleficio frente al gol; ha marcado el sexto de los siete que Portugal ha endosado a Corea del Norte.

Vicente del Bosque, el seleccionador de España, elogia al astro luso, pero dice: «No creo que haya una obsesión por Cristiano. Lo más importante es tener atención sobre Portugal como equipo. Ha demostrado, en lo defensivo y en lo ofensivo, ser un equipo muy hecho. Ha llegado al Mundial en las mejores condiciones para disputarlo». De la misma opinión es Cesc Fábregas que, en una entrevista a *El País*, declara: «Portugal es mucho más que Cristiano. Son muy potentes y a la contra hacen daño. Son un equipo muy competitivo y con una defensa que no está para tonterías. Alves es el capitán del Oporto y Carvalho, un jugador consagrado en Inglaterra...».

En los tres partidos de la fase de grupos, Cristiano ha sido elegido como el mejor jugador. Así que contra *la Roja* se presenta como «el matador», el gran peligro. La obsesión con Cristiano Ronaldo, es de verdad y está en la calle. Para la afición española Portugal es Ronaldo, a pesar de todo lo que digan Del Bosque y sus jugadores. Y además existe el morbo de verlo enfrentado a sus compañeros de equipo como Sergio Ramos o Iker Casillas y a Piqué o Puyol, los centrales del Barça, contra quien ha protagonizado, antes con el United, y en la última temporada con el Madrid, duelos históricos. Ahí detrás, en la defensa española todos le temen. Dice Álvaro Arbeloa, que lo conoce desde Inglaterra: «No hay una fórmula mágica para frenar a Cristiano. Por eso precisamente es uno de los mejores del mundo, porque la mayoría fracasa en el intento. Si está cerca del área hay que estar encima de él para incomodarle en el disparo. Si tiene campo para correr es mejor que reciba y presionarle a que te coja la espalda. En carrera es demoledor». Más contundente todavía es el capitán Casillas, que conoce muy bien sus disparos y regates: «Cuando un jugador como él está inspirado es casi imposible de parar».

En vísperas del enfrentamiento, visita la sede de la selección portuguesa François Pienaar, el capitán de la selección de rugby sudafricana, campeona del mundo en 1995. Pienaar y Nelson Mandela son los protagonistas de *El factor humano*, el libro de John Carlin que glosa la hazaña que unió a blancos y negros en un destino común, y ambos inspiraron *Invictus*, la película de Clint Eastwood, con Matt Damon y Morgan Freeman. En su visita a la *seleção*, Pienaar da ánimos a Cristiano y compañía. Carlos Queiroz lo ha invitado a charlar con los jugadores «porque —dice— es un símbolo de Sudáfrica y es el hombre que lideró, por primera vez, a un equipo de negros y blancos, un equipo que no era nada y fue campeón del mundo. Es el ejemplo de que todo es posible».

Casi 63.000 espectadores y 13 grados en el Green Point, un escenario impresionante (Table Mountain a la espalda y la confluencia de dos océanos) para el derbi ibérico. Portugal reincorpora a Almeida en el centro del ataque, y deja a Cristiano Ronaldo con libertad por la banda. El capitán luso ha ganado el pulso a Queiroz. Después del choque contra Brasil, donde había ejercido de 9, Cristiano dijo: «El entrenador sabe que no me gusta jugar arriba, que no es mi posición preferida». Y Queiroz le respondió que Cristiano jugaría de portero si hiciera falta. Al final, Cristiano jugó donde quería Ronaldo.

España repite el once titular que superó a Chile. Xabi Alonso se ha recuperado y Del Bosque vuelve a confiar en Fernando Torres como compañero de David Villa en el ataque. Suenan los himnos nacionales y Cristiano se queda mudo. Mal signo. Casi una premonición de lo que será su partido. Un fracaso. Cuatro remates, dos a puerta: en el minuto 16, en un tiro libre desde lejos, suave a las manos de Casillas, y una falta desde 30 metros en el minuto 27. El capitán de *la Roja* no detiene el Jabulani, pero por suerte sale alejado de los delanteros lusitanos. Cristiano no hizo gran cosa: dos centros al área, una falta recibida, dos intentos de regate fallidos, una rabona especialidad de la casa. Nada más. Empieza por la derecha, pasa a la banda izquierda, o prueba en el centro del ataque como 9 cuando Queiroz cambia a Almeida por Dany. Todo inútil: Capdevila, Sergio Ramos y Puyol, con la ayuda de Villa, Busquets y Xavi Alonso, lo paran. Siempre. «Lograron —como explicará después Del Bosque— que Ronaldo pasara inadvertido. Le inutilizaron. Más merito de ellos que demérito de Cristiano.»

La primera parte termina con empate a cero. Cristiano no está contento del juego de su equipo, demasiado atrincherado en su área, y tampoco está contento de su actuación. En la segunda parte, después del gol de David Villa en el minuto 67 se le puede ver nervioso, como pidiendo ayuda al banquillo para que sus compañeros le pasen más el balón. Pero Carlos Queiroz no sabe o no puede responderle. El partido acaba con 1-0 y España festeja la clasificación. Eduardo, el guardameta que ha hecho milagros, no ha podido con el doble disparo de Villa y está sentado en el suelo llorando con las manos en la cara. Iker Casillas acude a su lado y lo consuela.

Cristiano Ronaldo abandona el campo desolado y derrotado. Los aficionados españoles lo abuchean, algunos portugueses también. La cámara lo sigue en primer plano. Su cara no expresa nada. La cámara no para de seguirlo. Se da la vuelta y escupe. ¿Al cámara o al suelo? Nadie lo sabe. El gesto, en todos casos, es feo. Y la prensa de Barcelona se ceba con la actitud del madridista. Genera polémica también su escueta declaración ante la prensa que ha intentado regatear: «¿El partido? Preguntarle a Carlos Queiroz». Y Queiroz responde en la sala de prensa: «Si a alguien se le queda pequeña esta camiseta que no esté en el equipo. Mientras yo dirija esta selección nadie estará por encima». Aunque defiende a su capitán cuando alguien le pregunta si no se le había dado un papel demasiado importante a Cristiano: «Esa pregunta está fuera de lugar. Es nuestro líder, nuestro capitán. Creo en él».

No piensa así Luis Figo, héroe lusitano y antiguo capitán de la *seleção*: «Independientemente del éxito o del fracaso un capitán siempre tiene que defender al equipo, al margen de salir más o menos perjudicado en cuanto a su imagen. Y debe, sobre todo en los momentos difíciles, dar la cara por el grupo». Para defender a Cristiano ya está su nuevo entrenador, José Mourinho: «Conmigo Cristiano no tendrá todas las responsabilidades. En mis equipos, cuando ganamos, ganamos todos, cuando perdemos, pierdo yo. Por eso, Ronaldo puede estar tranquilo y disfrutar de sus vacaciones. No dejaré que nadie ponga sobre él toda la responsabilidad. Los grandes lo son porque son mejores, pero los equipos son el soporte de todos y Portugal perdió porque España fue mejor».

Finalmente, Cristiano tiene que intentar apagar el incendio y hace una declaración oficial como siempre a través de Gestifute, la empresa de Jorge Mendes. «Estoy sufriendo y tengo derecho a sufrir solo. Cuando dije que preguntaran al entrenador, lo hice porque él estaba en conferencia de prensa y yo no me sentía en condiciones de explicar el partido. Como capitán siempre he asumido y asumiré mis responsabilidades, pero en ese momento no hubiera conseguido decir ninguna frase lúcida. Jamás pensé que esas palabras provocarían polémica. No busquen fantasmas donde no los hay.»

Lástima que los fantasmas del Mundial para Cristiano sean otros y más verdaderos que las polémicas por una declaración. El mayor fantasma del jugador más caro del mundo, del capitán de la selección, de la gran estrella universal, del futbolista que en sus tres clubes (Sporting, Manchester United y Real Madrid) ha marcado 159 goles, es su balance en los dos mundiales que ha disputado. En Alemania lo amparó la edad (21 años) y la gran actuación del equipo luso, pero su botín fue un penalti contra Irán y el gol que marcó en la tanda desde los 11 metros contra Inglaterra. En Sudáfrica, después de jugar todos los minutos, ha rematado en 21 ocasiones (es el tercero en la clasificación tras Messi y el ghanés Gyan) pero ha marcado solo un gol. Igual que le pasa a Messi con la selección argentina, no se ha visto al Cristiano deslumbrante con Portugal. «¿Es el sistema el que limita a Cristiano Ronaldo o es él quien no estaba en condiciones de dar más?», se pregunta al día siguiente *Record*, el periódico deportivo lisboeta. Habrá que esperar a la Eurocopa de 2012 para contestar.

Paternidad

Sorpresa y misterio

«Con gran alegría y emoción informo que recientemente he sido padre de un niño. La madre del bebé y yo hemos acordado, ya que ella prefiere que su identidad se mantenga confidencial, que mi hijo se quede bajo mi exclusiva tutela. No se dará más información sobre este asunto y pido a todo el mundo que se respete completamente mi derecho a la privacidad (y a la del niño) al menos en temas tan personales como este.» El 3 de julio de 2010, Cristiano Ronaldo anuncia en Facebook y en Twitter que es padre. El número 7 blanco sorprende al mundo entero con este comunicado que llega pocos días después de que la selección portuguesa fuera eliminada del Mundial de Sudáfrica.

Toda una sorpresa porque nada se sabía del asunto. Las últimas fotos del jugador con una mujer son de mayo. Los *paparazzi* pillan a Ronaldo y a Irina Shayk en un barco de lujo en aguas de Córcega. Pero ni Irina es la madre ni le agradó saber que su novio iba a ser padre. El día después de que la noticia dé la vuelta al mundo, la modelo, en su perfil en Facebook y en Twitter, escribe: «¿Por qué has hecho esto? Has tenido un hijo con otra mujer y no me has dicho nada. Me has roto el corazón. Gracias por hacerme llorar». Todo falso. Alguien ha creado una página falsa con el nombre de Irina, que conocía toda la historia del hijo de su novio y la acepta.

La relación entre los dos sigue en pie. Los dos, Irina y Cristiano, cuando se hace pública la noticia de la paternidad, están en Nueva York de vacaciones. Se les ha visto acariciándose en la piscina de un hotel de Manhattan y cenando juntos en un lujoso restaurante. Fotos e indiscreciones confirman que la pareja se mantiene unida y que, al parecer, no existen secretos ni malos entendidos entre los dos. ¿Y el bebé? Está en Marina de Vilamoura, en el Algarve, al cuidado de la madre del futbolista. Allí veranea también Catia, la hermana mayor de Ronaldo, que declara: «Cristiano es feliz, muy feliz ¿Qué padre no lo sería?». Del pequeño dice que «tiene los ojos marrones, el pelo castaño como Cristiano y es muy tranquilo, solo come y duerme».

¿Cómo se llama? RTP, la cadena de televisión portuguesa, anuncia que tiene el mismo nombre que el padre, Cristiano Junior, y que al nacer medía 53 centímetros y pesaba 4,3 kilos. ¿Cuándo ha nacido? Vino al mundo el 17 de junio, dos días después de que el futbolista jugara con la selección de Portugal el partido contra Costa de Marfil en el Mundial de Sudáfrica. Informaciones útiles, que podrían explicar el bajo rendimiento de Ronaldo en el Mundial de Sudáfrica, pero lo que intriga de verdad a la prensa del corazón es averiguar la identidad de la madre. ¿Quién es? ¿Por qué ha renunciado a la tutela del pequeño?

Las hipótesis más increíbles se suceden una tras otra. El portugués *Diário de Notícias* asegura que el bebé ha sido concebido de manera artificial en San Diego a través de un vientre de alquiler de una mujer estadounidense. La madre del jugador y las hermanas, Elma y Catia, se habrían trasladado a Estados Unidos para ocuparse de los procedimientos legales que les permitieran llevarse al bebé a Portugal. *El Correio da Manhã* asegura que Cristiano Ronaldo ha pagado para tener el hijo, y el atrevido *The Sun* concreta la cantidad en 16 millones de euros, dedicados a comprar el silencio de la madre y asegurarse de que esta renunciaría a verlo.

No es la única hipótesis. Otros medios, en Portugal, piensan que Cristiano Junior sea el fruto de una noche de pasión loca y que la madre, muy joven, no quiere saber nada del bebé. El culebrón no se acaba ahí. Seis meses después del nacimiento, el *Daily Mirror* anuncia que ha sido descubierta la identidad de la mujer que dio a luz al hijo del número 7 del Madrid. Según el periódico, sería una estudiante de Londres, de 20 años. Una tesis que apoya también, en un programa del corazón de la televisión española, Nereida Gallardo, ex de Cristiano. La mallorquina dice que la chica contactó con ella a través de Facebook, meses antes de que la noticia de la paternidad fuera anunciada, y le dijo que estaba esperando un hijo de Cristiano. Nereida no se sorprende que Ronaldo pueda haber sido padre en una noche de amor porque nunca le ha gustado usar preservativos. Y agrega que Cristiano Ronaldo y la joven firmaron un contrato que obligaría a la madre a mantener en secreto su identidad, e incluso a no revelarle a su propia familia que ella dio a luz el bebé.

Un contrato que según los periódicos ingleses también establecía que la custodia completa del niño sería para el jugador. A cambio, la chica obtuvo una jugosa compensación económica valorada en más de once millones de euros. Meses después, la madre se arrepiente de haberle cedido la custodia total del bebé y está dispuesta a luchar para recuperar a su hijo. Se cuenta que no para de llamar a Cristiano para hacerle cambiar de opinión e incluso le ha ofrecido devolverle todo el dinero a cambio de poder ver a su hijo. «Se siente como si hubiera vendido su alma. Tiene un estilo de vida millonario, pero nunca le podrá contar a sus amigos y a su familia lo que pasó, y eso hace que se sienta muy sola», explican a la prensa inglesa personas del entorno de la joven.

Catia, la hermana mayor, añade en *The Sun* más misterio a la historia: «No hay ninguna mujer llamándole. No hay madre, ni llamadas telefónicas, ni nada. La madre está muerta. El bebé no tiene madre. El niño es nuestro. No voy a decir cómo llegó a nosotros, pero garantizo que es el hijo de mi hermano, mi sobrino, de nuestra sangre. Su madre es mi madre, la persona que se encarga de él las 24 horas del día». Y aparecen las primeras fotos del pequeño Cristiano, publicadas en exclusiva por la revista portuguesa *TV Mais*, en los brazos de su abuela, que se ocupa del cuidado del bebé en la residencia madrileña de Ronaldo. El 8 de diciembre lo lleva por primera vez al estadio Santiago Bernabéu para ver jugar a su padre. Ronaldo ya le ha dedicado sus goles en otras ocasiones, pero esta vez es especial. En el minuto cincuenta, cuando marca el segundo gol del encuentro de Champions League contra el Auxerre, se lleva el dedo a la boca simulando un chupete y señala a su palco privado, donde las cámaras captan la imagen del niño. En ese momento, el hijo de Cristiano le roba el protagonismo al padre. Todas las miradas del estadio se centran en el bebé.

Poco tiempo después, el número 7 blanco rompe su silencio en torno a su paternidad en una entrevista a Real Madrid TV. Confiesa que ser padre le ha cambiado: «Es una responsabilidad diferente. Todavía estoy aprendiendo. Es una sensación que no se puede explicar con palabras. Levantarte por la mañana y ver a una persona de tu sangre es impresionante. Estoy viviendo un momento muy especial en mi vida. Puede ser que me sienta más a gusto. Estoy cómodo cuando las cosas están bien: mi familia, el club, mis amigos». Revela que no tiene ningún problema en realizar tareas propias de cualquier padre: «Claro que cambio los pañales de mi hijo. Hombre, no es lo que más me gusta del mundo, pero lo hago». Habla del futuro, de tener más hijos, de casarse, de lo que le gustaría que su hijo fuera de mayor: «A mí me encantaría que le gustase el fútbol y que fuera mi sucesor, pero ya veremos qué pasa. Mi hijo será lo que quiera».

Con la Liga 2010-11 recién terminada y antes de un compromiso con Portugal, Cristiano se marcha de vacaciones a Madeira. Y por primera vez se le ve ejerciendo de padre. Un vídeo del *Jornal da Tarde* documenta la llegada al aeropuerto de Funchal de Cristiano, de Irina, su novia, y de su madre María Dolores. Ronaldo lleva al niño en sus brazos, un niño con la piel y el cabello morenos que lleva una gorra con la visera hacia atrás y una sudadera azul marino. Un estilo muy parecido al de su padre. Pocos días después, el 17 de junio, primer aniversario de su nacimiento, se celebra en la Capela da Senhora do Ar, situada en Alcochete, Madeira, el bautismo del pequeño Ronaldo junto al de su primo Dinis, el hijo de Catia. El padrino de Cristiano Junior es Jorge Mendes. A la ceremonia y a la fiesta en la Moita, residencia de la hermana, asiste toda la familia. «Ha sido un momento muy bonito —dice Catia— y los críos se han portado de maravilla.»

Colección otoño-invierno

Icono publicitario

*T*orso y tableta, balón y competitividad, alegría e irreverencia: son las claves de la marca Ronaldo. Un atleta global, una imagen fotogénica, un producto transversal que llega a todos los países y a todos los públicos. Un icono publicitario como CR7 es capaz de ingresar 15 millones de euros al año gracias a los contratos con marcas como Nike, Banco Espirito Santo, Castrol, Soccerade, Clear, EA Sports, Fuji Xerox, Extra Joss, Suzuki, Pepe Jeans y Konami. Sin contar que para el Real Madrid puede generar 60 millones de euros anuales por los derechos de televisión, publicidad y venta de camisetas. Para Cristiano, no es un trabajo rodar anuncios: es algo que le gusta y le divierte. Porque además de lucir sus calidades futbolísticas, le encanta lucir su cuerpo.

Delante de las cámaras Ronaldo se encuentra muy cómodo. Ningún problema con las largas sesiones de maquillaje y fotos, con repetir una y otra vez un movimiento o con repetir una toma, Cristiano se siente a gusto como un actor protagonista. Un estudio de grabación es, para él, la prolongación de un campo de fútbol, en donde siempre quiere ser el número 1. Es otra forma de espectáculo distinta a la que ofrece todos los domingos. Y por eso pone la misma determinación, la misma profesionalidad en regatear que en anunciar unas zapatillas. Le llegan tantas ofertas comerciales que sus agentes de Gestifute tienen que rechazar el 90 por ciento de las propuestas. Un negocio que le va muy bien y que empezó a despegar poco tiempo después de su llegada al Manchester United. Su primer gran contrato, su primer gran patrocinador fue el Banco Espírito Santo. Ronaldo era solo una promesa, tenía 18 años y los premios y los trofeos todavía no habían llegado, pero la entidad financiera portuguesa lo elige para sus campañas cuando falta poco menos de un año para la Eurocopa de Portugal. Las razones las explicaba así Paulo Padrão, director de márketing del Banco Espírito Santo: «Creemos que la alegría del juego y el espectáculo es lo mejor del fútbol. Cristiano Ronaldo es un incomparable representante de este arte. Es un icono de la juventud portuguesa. Un ejemplo de que, cuando tienes talento y trabajas, ganas».

Con la camiseta de la selección lusa, el número 11 en la espalda, el chico de Madeira chuta y chuta, pero la red esquiva el balón hasta que al final consigue marcar y la portería se cae. El eslogan es «*Vá treinando*» (está entrenándose). Desde aquella primera campaña Ronaldo ha protagonizado para el banco portugués una docena de anuncios para el mercado lusitano y también para el español. El acento puesto siempre en la competitividad y las ganas de ganar. Dos ejemplos para entendernos. El primero: «Si yo dudara, no ganaría como gano», es el lema de la última campaña de noviembre del 2011. Cuanto tiene una ocasión Ronaldo la aprovecha, no duda, no se lo piensa dos veces: «Haga como Ronaldo no dude delante de una gran oportunidad», recita la voz en off. El segundo ejemplo: en la campaña 2010 Ronaldo juega a dardos, a ping-pong, al futbolín y llega a hacer trampas para ganar. «A mí no me gusta perder ni a las canicas», dice Cristiano en el último plano del anuncio.

La competitividad es el tema recurrente en casi todos los anuncios de Ronaldo al margen de la moda. Ronaldo compite en velocidad con un Bugatti Veyron E B 16.4 en la campiña inglesa de Nike. En otras campañas publicitarias de diferentes marcas, Ronaldo regatea a un toro, compite en malabarismo con Zlatan Ibrahimovic o sustituye el balón por cubitos de hielo. Puede jugar dentro de una lata del refresco o marcar de media chilena un gol que traspasa el televisor y hace canasta en la copa que se toma una chica en el salón de su casa. Se atreve a hacer virguerías con la pelota también en un aeropuerto entre maletas y alas de avión. Para Castrol se presenta como un modelo de profesionalidad y altas prestaciones en las condiciones más extremas. Cristiano viaja en coche desde el desierto hasta Londres pasando por el hielo y explica que el fútbol lo lleva a muchos lugares ya sean cálidos, fríos, difíciles, pero él está preparado para todo, como el lubricante para motores.

Hasta aquí estamos, más o menos, dentro del campo profesional de un futbolista o de los valores que su trabajo puede representar, pero Ronaldo va más allá con su imagen global. Demuestra ser un modelo, uno de los mejores en el campo de la moda. La ropa y la moda le gustan, tanto que en el año 2007 lanzó su marca y su colección de camisas, tejanos, cinturones y zapatos. Pero donde se ha lucido y ha lucido su cuerpo ha sido en las campañas para grandes firmas. La primera vez fue para Pepe Jeans, una marca de ropa londinense. El rodaje del anuncio se desarrolló en Barreiro, un pueblo en una zona industrial cerca de Lisboa. El paisaje es apocalíptico: arena blanca, fábricas, humos, lobos y coches destartalados. Un Ronaldo jovencito con cresta bicolor muestra su torso, que todavía no era el de hoy, y se comporta como un profesional de la publicidad, tanto que recibe las felicitaciones del fotógrafo.

En Yakarta y en Bali graba el anuncio de Extra Joss, una bebida refrescante, para el mercado indonesio, donde enseña otra vez su físico bien moldeado. Descalzo y con el torso desnudo, a la luz de dos pebeteros flameantes, delante de un antiguo templo y en el centro de un corro de nativos que cantan y evocan los espíritus, Cristiano hace magia con la pelota. A pecho descubierto, también se deja seducir por Elsa Pataky en versión divinidad del amor. La actriz española vuela sobre el futbolista. «Me quedaré con todo lo tuyo», susurra. Es solo un sueño, porque la bella bruja no se lleva el reloj Time Force de Cristiano.

La consagración como modelo le llega a Ronaldo con las campañas de Armani en 2010 y 2011. Como había hecho en el Manchester United, Cristiano toma el relevo de David Beckham en la imagen de la ropa interior, que venía protagonizando junto a su mujer, Victoria, desde 2007. Con esta campaña, Ronaldo se corona como nuevo *sex symbol* masculino, o como ejemplo del ideal griego de la belleza. Y el éxito es indiscutible. Lo demuestra en Housekeeping, el anuncio en blanco y negro de Armani, donde Cristiano durante un minuto y medio busca su camiseta por la habitación de un hotel mientras la chica de la limpieza se la esconde para ver un rato más su famosa silueta. Según Mashable, uno de los blogs de noticias de internet más seguidos en el mundo, este anuncio de Ronaldo se coloca en el segundo puesto de los vídeos de moda más vistos en YouTube. Le quita la primera plaza el estreno mundial de *Bad Romance*, de Lady Gaga, en el desfile Primavera Verano 2010 de Alexander McQueen, su última colección antes de suicidarse. No hay duda que también fuera de un campo de fútbol, Cristiano Ronaldo tiene un presente y un futuro global.

53 goles

Una máquina perfecta

$\mathcal{N}$o es un delantero centro. Casi nunca ha jugado ni ha querido jugar en esa posición. Con Mourinho también juega de extremo, por la derecha, pero aun así ha pulverizado todos los récords del fútbol español: 53 goles en las tres competiciones (Liga, Copa del Rey, Champions) de la temporada 2010-11. Cifra que le convierte en el máximo goleador de todas las Ligas, en el ganador de la Bota de Oro. Ronaldo los ha marcado con la derecha o con la izquierda, desde fuera del área o de penalti, de cabeza o de falta directa, con habilidad o con fuerza, al primer toque o regateando a varios rivales... Es la máquina perfecta del gol.

Tardó cuatro jornadas en marcar el primer tanto, que fue ante el Espanyol, el 21 de septiembre de 2010. Y ocho meses justos después, el 21 de mayo de 2011, contra el Almería, en la última jornada de la Liga, Ronaldo solo necesita cinco minutos para marcarle el primero a Esteban, el guardameta adversario. En la segunda parte consigue el segundo, que provoca una fiesta en el Santiago Bernabéu. La afición corea su nombre. Él alza los brazos y mira al palco donde está su familia. Comparte con ellos la gesta que acaba de conseguir: 40 goles en 38 partidos de campeonato. «Para algunos son 41, para otros 40... Le regalo uno a Pepe», bromea Cristiano después del encuentro, que ha terminado con una goleada (8-1). Habla de aquel lanzamiento de falta directa desviado por la espalda de Pepe que acabó en la red de la Real Sociedad en Anoeta. Un gol que el árbitro, Mateu Lahoz, concede a Pepe, mientras que el diario *Marca*, que atribuye el Trofeo Pichichi, considera de Ronaldo.

Nadie en el fútbol español había marcado tanto como él.

Cristiano supera el histórico récord de 38 tantos de Telmo Zarra, del Athletic de Bilbao, en 30 duelos de Liga en la temporada 1950-51 y del mexicano Hugo Sánchez, en el Real Madrid, campaña 1989-90, cuando consiguió 38 en 35 encuentros. El mexicano salió a un gol cada 80 minutos, Zarra a uno cada 71,05 minutos y Ronaldo uno cada 72. Para los amantes de la estadística hay que decir que de los 38 partidos de liga jugó 34, 32 de ellos como titular y 29 completos. De sus 40 goles, 28 fueron con el pie derecho, ocho con el izquierdo y cuatro con la cabeza. Ocho de sus tantos fueron de penalti (todos los que lanzó) y cuatro de falta directa. 26 los consiguió en el Santiago Bernabéu y 14 a domicilio. A esos datos hay que sumar nueve asistencias de gol y reseñar que de los ocho penaltis que lanzó solo uno fue cometido contra él.

«Ha hecho una auténtica proeza. Todo el año Cristiano ha sido un jugador generoso. Quien marca 40 goles es generoso para el equipo y un arma letal para progresar en los partidos. Es un jugador tremendo», declara Jorge Valdano, director general del Real Madrid en aquel entonces. En los últimos cuatro partidos, cuando ya el título estaba en manos del Barça, logró 11 goles: cuatro frente al Sevilla en el Sánchez Pizjuán (2-6), tres contra el Getafe en el Bernabéu (4-0), dos frente al Villarreal en El Madrigal y otro par ante el Almería. «A ver quién supera mi récord ahora», bromea Ronaldo, que ha mejorado sus marcas como goleador con el Manchester United (42 goles en todas las competiciones en 2007-08) y con el Real Madrid en su primera temporada (33 goles). Cristiano ha marcado más goles que nadie y más que algunos equipos de la Primera División española. Sus 40 goles, superan los anotados por el Sporting de Gijón (35), Deportivo de la Coruña (31), Hércules (36) y Almería (36). Fuera de España, y comparando su actuación con otros campeonatos, las cifras de Ronaldo siguen siendo espectaculares. Ha marcado solo dos goles menos que los que suman los dos máximos goleadores de la Premier League: Berbatov (Manchester United) y Tévez (Manchester City), con 21 goles cada uno.

«Sí, estoy contento por haber logrado el Pichichi y el récord de España —declara Ronaldo— y se lo agradezco a los que me ayudaron, al míster que creyó en mí y a mis compañeros.

Yo soy generoso porque mis compañeros son generosos conmigo y el fútbol es un juego colectivo. El Pichichi y la Bota de Oro son algo bonito porque son el fruto del trabajo de mis compañeros, del cuerpo técnico, de todos los empleados y directivos y del apoyo de la afición». El número 7 del Madrid se alegra que el equipo haya conseguido marcar 102 goles en Liga y 148 en las tres competiciones convirtiéndose en el segundo equipo más goleador de la historia merengue. Solo el Madrid de Di Stéfano en la temporada 1959-60 consiguió más goles: 158 en todos los trofeos.

La temporada, récord al margen, no ha sido lo que el portugués esperaba. Y por eso no está contento al cien por cien. De todos los goles que ha logrado solo el de la final de la Copa del Rey, un cabezazo implacable en la prórroga marcado a Pinto, el portero del Barcelona, ha sido decisivo. Valió para conseguir el único título del curso. Y esto para CR7 no es suficiente «porque el Madrid aspira a ganar todos los títulos y yo preferiría haber marcado la mitad de goles y haber ganado la Liga o la Champions», comenta en el programa *El partido de las 12* de la Cadena COPE. En todo caso su balance, desde el punto de vista individual, es positivo: «He estado más a gusto y puede que haya sido mi mejor temporada». A su actuación y a la del equipo le da un 8 o un 9 sobre 10. Pero Cristiano, como todo el Real Madrid, ha vivido un año complicado por culpa del Barcelona de Pep Guadiola y de Leo Messi, su máximo rival.

Cristiano y Leo

Eterna comparación

*L*os dos, Cristiano y Leo, están sentados en un sofá, conversando. «Dios me ha enviado a la Tierra para enseñar a la gente a jugar al fútbol», dice Ronaldo. Y Messi, sorprendido, le suelta: «Mentira, yo no envié a nadie». Es un chiste que ha invadido la red y que explica cómo los aficionados ven la rivalidad entre el portugués y el argentino. 27 años el portugués, 24 el argentino, tan parecidos en su trayectoria como en el ímpetu por ganar, tan diferentes en la vida como en el campo de juego. Así describe este duelo Manuel Vicent en *El País*: «Cristiano Ronaldo sigue la tesis de Euclides: la línea recta es el camino más corto entre dos puntos, que este jugador recorre a una velocidad uniformemente acelerada hasta que estallan juntos su cuerpo y el gol. Leo Messi sigue la teoría de Einstein: la línea más corta entre dos puntos siempre es la curva e incluso se llega antes a la portería contraria si se realizan varios zig-zag en un imprevisible trotecillo gorrinero en medio de hachazos y tarascadas. Ronaldo produce pasión. Messi, admiración». Y por eso son los dioses del fútbol de hoy en día.

Es verdad que los dos compiten contra sí mismos y contra el otro, aunque ambos lo nieguen. Cristiano es el primero: «Me da igual que me comparen con Messi. No me importa nada. Mi personalidad y mi fútbol no tienen nada que ver con el suyo. Solo me interesa mi fútbol y que gane el Madrid». Lo dice, pero no lo piensa. Leo es a Ronaldo como la kriptonita a Supermán. Messi siempre está en la mente de los seguidores de Ronaldo y sobre todo de los detractores. Casi todas las aficiones del mundo que quieren herir a Cristiano le gritan el nombre de su rival. Saben tocar su fibra sensible. Aunque niegue que no le afecta, Ronaldo no lleva bien la comparación porque su personalidad se lo impide. Nadal no tenía problemas en asumir que Federer era el mejor y por ahí empezó a ganarle, como explica con agudeza John Carlin. Pero Ronaldo no puede admitirlo nunca porque para él eso sería atentar contra su espíritu ganador.

Es verdad que en la temporada 2010-11, en la Liga, Cristiano dejó atrás a Messi. Marcó nueve goles más que el argentino, aunque hay que decir que Messi no jugó en las últimas jornadas, cuando el portugués hizo la diferencia, para concentrarse y prepararse para la final de Champions. Cristiano también remató a puerta mucho más y de manera más variada, y recibió más faltas, dato importante puesto que en el entorno de Cristiano creen que los defensas tratan mejor a Messi. El argentino, en cambio, saca ventaja en el regate y en el pase, además de ser el rey de las asistencias (19 por 9 del portugués). En el cómputo de las tres competiciones los dos han llegado al mismo resultado: 53 goles. En títulos, *la Pulga* va por delante con los dos trofeos que más quería el portugués: Liga y Champions. También Messi ha conseguido el Mundialito de Clubes en Japón, y el tercer Balón de Oro consecutivo, el trofeo más prestigioso que Ronaldo alcanzó antes que Leo. Cristiano es Bota de Oro europea y apenas puede presumir en el último año de la Copa del Rey, aunque en ese partido, la única final que han disputado los dos grandes, la actuación de Ronaldo fue determinante.

La comparación entre CR7 y *la Pulga* ha sido una constante desde que los dos han empezado a brillar en el Manchester United y en el Barcelona. Un duelo futbolístico que desde la cancha se traslada a todos los ámbitos. Los comparan en el impacto mediático (hay estudios universitarios sobre la exposición de ambos en los medios de comunicación de todo el mundo) y también están frente a frente en la guerra de las marcas. En este caso, más que enfrentamiento es reparto. Cristiano es la imagen de Nike y Messi la de Adidas. Ronaldo viste de Armani y Messi de Dolce & Gabbana. Cristiano lleva un reloj Time Force y Leo, un Audemars Piguet. El portugués utiliza Castrol, el argentino, Repsol. El número 7 blanco bebe

Soccerade y el número 10, Gatorade. En las ganancias también compiten, claro, y según *Sports Illustrated* Messi es el futbolista que más ingresos obtiene: 31 millones de euros anuales contra los 27,5 de Ronaldo. En el número de seguidores en las redes sociales es Cristiano el Pichichi con más de 5 millones en Twitter y 30 millones de seguidores en Facebook, pocos menos que las grandes estrellas del pop como Lady Gaga. Messi, que ha subido su perfil en Facebook en la primavera de 2011, en un solo día ha conseguido siete millones de amigos. Pero todas estas comparaciones se resumen en una pregunta: ¿Quién es el mejor? Una cuestión repetida miles de veces en todos los medios. Un debate que ha involucrado a entrenadores, futbolistas, comentaristas y aficionados. Johan Cruyff sostiene que Ronaldo es un jugador «más físico» mientras que Messi es «más técnico» y ve difícil que el portugués pueda alcanzar a Pelé, Maradona o a Di Stéfano, todos futbolistas muy técnicos. Fabio Capello, exentrenador del Madrid y hoy de la selección inglesa, dice que «es difícil decidir cuál es el mejor. Son los dos muy buenos, pero de una forma diferente. Messi es imprevisible y nadie es capaz de hacer lo que hace. Cristiano tiene una gran potencia y velocidad». Pero cuando le preguntan a quién elegiría para la selección inglesa, Capello, saca su vena humorística y dice: «Cristiano sabe inglés y Messi sabe de fútbol».

«Para mí Messi es el mejor, pero tanto él como Cristiano Ronaldo están en el podio de los mejores. Messi es talentoso, habilidoso y con una zurda que muchos quisieran tener. Cristiano le pega muy bien al balón, es fuerte y se mueve rápido», opina Sergio Batista, exseleccionador de Argentina. «Los dos son jugadores *top*. Si no estuvieran en el mismo país no habría debate sobre quién es mejor. Estoy orgulloso de ser entrenador de un jugador como Cristiano, que es un perfecto profesional», replica Paulo Bento el seleccionador de Portugal. Iker Casillas, el capitán del Real Madrid, está convencido de que son los dos mejores del mundo: «Luego está el resto. Cada uno tiene sus características. A algunos les gusta la fuerza y el golpeo de cabeza de Cristiano, a otros la velocidad y la circulación de pelota de Lionel. Yo me quedo con Ronaldo, que es el mío».

Y con Ronaldo se queda también Ángel Dealbert, defensor del Valencia: «Es más completo que Messi en el sentido de que va muy bien de cabeza, con la derecha y con la izquierda. Tiene desmarque y regate. Y Messi falla con la cabeza y la derecha». En cambio, un ex del Real Madrid como José María Gutiérrez, Guti, está convencido de que «Cristiano en partidos importantes no ha dado la talla, algo que Messi sí ha hecho». Y añade: «Los *cracks* son los que deben funcionar en los partidos de alto nivel». Neymar, el joven prodigio brasileño que juega en el Santos, señala que le gustan ambos, «son las referencias del fútbol mundial», pero «en este momento Messi es el mejor jugador del mundo».

Opiniones, estadísticas, vídeos y notas. Todo vale para la comparativa y para intentar aclarar el tema. El diario *Marca* elige la vía de la comparativa técnica. Veamos:

Juego colectivo: Ronaldo 7-8 Messi (Messi gana)
Técnica individual: Ronaldo 9-9 Messi (empate)
Físico: Ronaldo 10-7 Messi (Cristiano gana)
Velocidad: Ronaldo 9-8 Messi (Cristiano gana)
Regate: Ronaldo 8-10 Messi (Messi gana)
Golpeo: Ronaldo 9-8 Messi (Cristiano gana)
Pase: Ronaldo 9-9 Messi (empate)
Liderazgo: Ronaldo 9-7 Messi (Cristiano gana)
Tiros libres y penaltis: Ronaldo 9-7 Messi (Cristiano gana)

El resultado es a favor de Ronaldo, pero *Marca* es un periódico cercano al aficionado madridista.

La Gazzetta dello Sport, el periódico deportivo italiano, también pone notas:

Sentido táctico: Cristiano 8,5, Leo 9
Regate: Cristiano 9, Leo 10
Velocidad: Cristiano 9, Leo 9
Cabeza (en el sentido de golpeo): Cristiano 7,5, Leo 6
Derecha: Cristiano 9, Leo 8
Izquierda: Cristiano 8, Leo 10

Messi prevalece por muy poco, un puntito más en la media general.

CR7 versus Messi es ya un clásico del fútbol. El deporte vive de duelos entre atletas, entre equipos, entre naciones, de comparaciones entre épocas diferentes de su historia. La memoria es algo fundamental en el juego y el uno contra el otro es el pan de todos los días que divide, desde siempre, a los aficionados de medio mundo. Alí contra Foreman, Prost contra Senna, Bartali contra Coppi, Borg contra McEnroe, Magic Johnson contra Larry Bird, Valentino Rossi contra Jorge Lorenzo, Carl Lewis contra Ben Jonhson... pero en el fútbol nunca se ha dato el caso que los más grandes tuvieran enfrente quien pudiera hacerle sombra. Ni Pelé, ni Cruyff, ni Diego Armando Maradona, ni Di Stéfano han coincidido en la misma época. Ahora sí, ahora hay un duelo personal entre dos superestrellas que se ha trasformado en un cuerpo a cuerpo desde que el portugués ha llegado a la Liga. Y en el curso pasado ha sido todo un disparate a lo largo de cinco interminables clásicos y un partido amistoso entre Portugal y Argentina.

Clásicos: un psicodrama que empieza un lunes 29 de noviembre de 2010 en el Camp Nou. Fecha rara para un Barça-Madrid, pero en Cataluña ese domingo había elecciones a la Generalitat y no se quiso añadir más *gasolina* a una jornada política electoral. Los anuncios del encuentro hablan del derbi de España más igualado de todo los tiempos, anuncian la hora del traspaso de poderes entre Barcelona y Madrid. ¿Por qué? Porque, dicen, Cristiano es más que Messi, porque Mourinho no es ni Manuel Pellegrini, ni Bernd Schuster, ni Juande Ramos, ni tampoco Fabio Capello. El entrenador portugués es el hombre que justo seis meses antes, en el banquillo del Inter, fue capaz de neutralizar el juego de los azulgranas negando al *Pepteam* una final de Champions en Madrid. Es el hombre que el presidente blanco ha elegido como antídoto contra la magia de los catalanes. Un entrenador que, desde el púlpito más alto de la Liga, (su equipo se presenta invicto y tiene un punto de ventaja sobre el Barça, 32 contra 31) discute la trayectoria barcelonista y señala a los árbitros como responsables del poderío blaugrana. Cristiano se limita a decir que los azulgranas son más *tiki-taka* y que los blancos juegan con el objetivo de concretar lo antes posible. De Messi no habla. Asegura que el mejor «será el Real Madrid».

El 29-N en el Camp Nou, el Barça ofrece una lección magistral de fútbol, mientras los blancos no saben cómo reaccionar al juego circular y a las triangulaciones del adversario y terminan desquiciados. Al final de una noche fría y lluviosa, los goles encajados son cinco y pudieron haber sido más. ¿Y Cristiano Ronaldo? Casi invisible. Condenado a jugar contra corriente, a esperar bajo la lluvia balones que nunca le llegan. Apenas un tiro libre fuera, un remate desde 40 metros, y un mano a mano con Valdés que no consigue transformar. Acaba el partido y Ronaldo sigue sin sumar ni un gol en su sexto encuentro contra el Barça (cinco con el Manchester y uno con el Real Madrid). Messi tampoco ha marcado. Nunca lo ha hecho contra un equipo dirigido por Mourinho, ya sea el Chelsea, el Inter o el Real. Ha roto una racha positiva de diez partidos seguidos, pero ha sido generoso y con precisión quirúrgica ha ofrecido a David Villa la posibilidad de marcar dos goles. Cristiano Ronaldo se va del estadio sin ofrecer ninguna declaración, ninguna explicación de lo sucedido y tampoco lo hace el capitán Casillas.

Curiosidad: nunca le habían metido un 5-0 a un equipo de Mourinho. En la sala de prensa el míster lo asume, por una vez, con tranquilidad. «Es una derrota muy fácil de digerir, no es una derrota de esas en la que mereces ganar y has perdido o en la que tienes muchos balones al palo. Aquí un equipo ha jugado al límite y otro ha jugado muy mal. Cuando pierdes como hoy no tienes derecho a llorar, tienes que trabajar. Me gustaría poder jugar mañana.» Habrá que esperar casi cinco meses para otro cara a cara con el Barcelona, que no fue uno sino cuatro en menos de un mes. Pero antes, el 9 de febrero de 2011, Ronaldo y Leo se encuentran en Ginebra en un amistoso entre Portugal y Argentina.

Es un duelo pendiente. Nunca se habían enfrentado con sus selecciones. Las 33.000 entradas del estadio suizo se agotan solo en unos minutos. Y en la reventa se piden 600 euros por una entrada que en taquilla habría costado cien. La expectación es máxima. El partido será visto en los cinco continentes y hay acreditados 250 periodistas de 16 países. Los dos protagonistas no hacen declaraciones previas y los dos entrenadores intentan decir, sin mucho éxito, que este es un Portugal-Argentina y no un Ronaldo-Messi. Massimo Busacca da el pitido inicial después de que Michael Schumacher, hep-tacampeón mundial de Fórmula 1, realizase el saque de ho-nor. A los 19 minutos de juego, Messi regala al público uno de sus eslalones: parte de la izquierda en los tres cuartos del campo, sortea adversarios y, con pase picado que supera la de-fensa lusitana, regala la pelota a Di Maria y el madridista cruza el tiro ante la salida de Eduardo y marca el 1-0. Marca Cristiano el empate en una pelota suelta dentro del área. Las estrellas absolutas son el 10 albiceleste y el 7 de la camiseta rojiverde. Los otros veinte en el terreno de juego asumen su papel como secundarios. Pero en el minuto 60 Paulo Bento, el entrenador portugués, retira a Cristiano. Entra Danny. Los portugueses dan por bueno el empate, pero los argentinos quieren más y minutos antes del final Coentrão provoca un penalti que marca Messi. Ha ganado Argentina y Ronaldo y Messi han marcado. El siguiente duelo será en la liga, el 16 de abril en el Bernabéu.

El Barça va muy bien. Ha superado con 16 victorias segui-das el récord de triunfos consecutivos del Real Madrid en la temporada 1960-61 (el equipo de Puskas, Di Stéfano, Gento y Santamaría) y manda en el campeonato con 8 puntos de ven-taja sobre el Real Madrid. En Copa de Europa los dos equipos superan con comodidad a sus rivales y el destino les lleva a enfrentarse en semifinales. Pero antes tienen que disputar el partido de Liga, el clásico. Mourinho no habla en la rueda de prensa previa. Deja en su lugar a Aitor Karanka, su segundo. A los periodistas no les hace ninguna gracia y se marchan en señal de protesta. Al silencio del entrenador del Madrid, Guardiola responde, como es habitual, con un panegírico del juego del adversario: «Nunca he visto un equipo como este Madrid. En cuatro o cinco segundos van desde Casillas hasta tu portería. Son mejores que en la primera vuelta, más po-tentes, chutan más, saltan más y en esta segunda fase llevan más tiempo jugando juntos». Y añade: «Mourinho tiene una gran virtud. Sabe jugar de formas muy diferentes. Debemos estar muy atentos porque eso condiciona tu forma de atacar y de defenderte».

Messi llega a la cita con unas cifras espectaculares: ha marcado 48 goles en 45 partidos. Es el futbolista del Barça que más goles ha marcado en una sola temporada. Bate el récord que consiguió Ronaldo Nazario de Lima en la temporada 1996-97. Y se distancia de Cristiano, su adversario directo, en 13 goles. Los dos buscan en el Bernabéu el gol que nunca han marcado: Ronaldo contra el Barça y Leo en su noveno partido contra un equipo de Mourinho. El entrenador portugués no olvida el 5-0 del Camp Nou y deja en el banquillo a Özil y a toda su delantera: Higuaín, Adebayor, Benzema y Kaká. Mourinho se muere de miedo y dibuja una alineación defensiva, con sus hombres detrás del balón, y Pepe en la barricada central. La idea es muy sencilla, destruir el juego del adversario. Un *catenaccio* en el mejor estilo italiano. ¿Ganar? A balón parado o a la contra.

A Cristiano le toca la misión de guiar la contra, operación difícil ya que las líneas blancas están muy lejos del área blaugrana. En todo caso el número 7, al final del primer tiempo, tras un córner y cabezazo de Ramos, llega casi a marcar golpeando con la frente. Adriano salva bajo el larguero. Y nada más salir al campo en la segunda parte el portugués está a punto de marcar con una ejecución magistral de un lanzamiento de falta que va al poste derecho de Valdés. El partido se anima y Albiol derriba a David Villa que iba directo a portería. Penalti y cartulina roja para el central madridista. Desde los once metros Messi no falla. Como tampoco falla media hora después Cristiano Ronaldo. Siempre de penalti iguala el resultado y en su séptimo partido marca por primera vez contra los blaugranas. Messi también ha podido estrenarse ante un equipo de Mourinho, que se queja del arbitraje y dibuja una trama de intereses ocultos que penalizan a sus equipos, ya sean Chelsea, Inter o Madrid. Los azulgranas se quejan de que Pepe ha hecho cinco faltas a Messi y no ha recibido ni siquiera tarjeta amarilla. La crispación entre unos y otros se está incubando como un virus. Y Mourinho no está dispuesto a rebajarla.

20 de abril, Valencia. Ya estamos en la final de la Copa del Rey. El partido del gol de Cristiano que le vale el único título de la temporada, el más apreciado por los internautas blancos. Tarda 100 minutos en llegar Cristiano a la meta. Empieza el partido como delantero centro, una posición que no le resulta

natural. Le cuesta recibir de espaldas a la portería y ser el único ariete del equipo. Tiene que correr, desgastarse y trabajar más de lo que está acostumbrado. En el primer tiempo, el Madrid domina el partido y Pepe remata al palo una asistencia de Ronaldo. En el segundo tiempo, el Barça recupera su partitura y no deja jugar al Madrid, pero tampoco consigue marcar. A Pedro le anulan un gol por fuera de juego, algo que en ese momento no parece importante, pero días después sí lo será. Al final de los 90 minutos de un partido intenso, cargado de buen fútbol por las dos partes, el número 7 blanco ha tirado solo una vez entre los tres palos. Tiene que esperar a la prórroga (minuto 100) para quitarse las espinas que tiene de tantos encuentros contra el Barça. Di María, tras una pared con Marcelo, lanza un centro de rosca, preciso y potente, desde la izquierda y Cristiano Ronaldo aparece por la diagonal, se levanta majestuoso sobre la espalda de Adriano, demostrando su dominio del juego aéreo aprendido en Manchester, y golpea de pleno el balón con la frente. El vuelo de Pinto no sirve de nada. Es gol, un gol que le vale al Real Madrid, después de casi dos décadas, la Copa del Rey.

Siete días después llega el primer acto de las semifinales de la Champions. Y en la sala de prensa del Bernabéu, el día antes, Guardiola se desata. Mourinho le ha enviado algún que otro recadito sobre el arbitraje del partido de Mestalla y la designación del árbitro para la semifinal y Pep pierde los papeles y explota. Lo nunca visto en Guardiola: «Como el señor Mourinho me ha tuteado, me ha llamado Pep, yo le llamaré Jose», dice para empezar. Y sigue: «Mañana, a las 20.45, jugamos un partido. Él ya ha ganado durante todo el año fuera del campo. Le regalo su Champions. Que se la lleve a casa. Nosotros jugaremos, ganaremos o perderemos. Normalmente, gana él porque le avala su trayectoria. Nosotros, con victorias más pequeñitas, que provocan admiración, nos contentamos. En esta sala, el puto jefe, el puto amo, es él. Es el que más sabe del mundo. Y yo ahí no quiero competir ni un instante».

El «puto jefe» al día siguiente fue Messi. Con el Real Madrid jugando con diez, tras ser expulsado Pepe por una entrada a Alves, que el brasileño exagera con grandes gestos de dolor, Messi consiguió dos goles y dejó la eliminatoria casi sentenciada. Primero remata con éxito un centro de Afellay y luego ofrece al Bernabéu en eslalon de los suyos que acaba en gol. Dos tantos que tumban a un Real Madrid conservador y atrincherado en su área. La misma versión blanca del clásico de la Liga. En una palabra, los blancos intentaron de nuevo negar el juego barcelonista y decidieron no desplegar el suyo. Mou no asume el arbitraje. Considera injusta la expulsión de Pepe y se desata en la rueda de prensa. Él también ha sido expulsado y Ramos ha recibido una tarjeta que le impedirá estar en el partido de vuelta. Es el discurso de los porqués que costó caro al técnico portugués:

«El Madrid está eliminado de la final de la Champions. Iremos al Camp Nou con todo el orgullo, con todo el respeto por nuestro mundo, que es el fútbol, que algunas veces me da un poco de asco. Me da asco vivir en este mundo, pero es nuestro mundo. Iremos sin Pepe, que no ha hecho nada, y sin Ramos, que no ha hecho nada, y sin el entrenador, que no puede estar en el banquillo... con un resultado que es prácticamente imposible de remontar. Y si por casualidad hacemos un gol ahí y abrimos un poquito la eliminatoria, seguro que nos matan otra vez. Mi pregunta es ¿por qué? ¿Por qué no dejan que los otros equipos jueguen contra ellos? ¡No lo entiendo! Si le digo al árbitro y a la UEFA lo que pienso de lo que ha ocurrido mi carrera se acaba ahora mismo. No sé si será porque patrocina a Unicef, o porque son más simpáticos, o porque Villar (presidente de la federación española de fútbol) tiene mucha influencia en la UEFA. El hecho es que ellos tienen una cosa muy difícil de conseguir, que es el poder. ¿Por qué expulsó a Pepe? ¿Por qué no nos señalaron cuatro penaltis a favor del Chelsea? ¿Por qué expulsaron a Van Persie? ¿Por qué expulsaron a Motta? ¿De dónde viene este poder? Su poder debería ser futbolístico. Lo tienen. Deberían ganar con eso. Tiene que tener un sabor diferente ganar como ganan ellos. Tienes que ser muy mala gente para saborear esto. Guardiola es un entrenador fantástico pero ha ganado una Champions que a mí me daría vergüenza ganar. Porque la ganó con el escándalo de Stamford Bridge. Y si este año gana la segunda ganaría con el escándalo del Bernabéu».

La Comisión de Control y de Disciplina de la UEFA, el 6

de mayo, le impone una multa de 50.000 euros y decide suspenderlo por cinco jornadas. Pero el jefe ha marcado, para la plantilla y la afición madridista, la línea a seguir. Cristiano Ronaldo declara: «Todos habéis visto lo que ha pasado. Cuando estábamos once contra once quizá no estábamos jugando bien, pero teníamos el partido controlado. Siempre es lo mismo contra el Barcelona. ¿Es coincidencia? El 0-0 no es mal resultado, podíamos marcar en Barcelona a la contra. Además, iba a entrar Kaká e íbamos a apostar por atacar en los últimos 20 minutos. Pero entonces han expulsado a Pepe y... Estamos muy tristes porque siempre es lo mismo contra este equipo y porque al míster siempre le pasa lo mismo contra el Barcelona», explica en su análisis del partido. Le preguntan por la actuación de Messi: «Contra diez es más fácil. Ojalá yo pudiera jugar contra diez también».

El 3 de mayo en Barcelona Mourinho no está ni en la tribuna del Camp Nou. Ve el partido desde el hotel. Y ve cómo su equipo más atrevido, más ambicioso que en los otros tres clásicos, pone en jaque al Barça y le impide, en el primer cuarto de hora, salir de su mitad del campo. Pero poco a poco los azulgranas empiezan a masticar el juego de siempre y Messi se presenta ante un Casillas que, con tres intervenciones milagrosas en cinco minutos, le niega el gol. Tras el descanso, el Madrid reaparece con más energía y más decisión. Cristiano, que hasta el momento no había recibido el balón en buenas posiciones y se había empecinado en inútiles regates, protagoniza la jugada polémica de la noche cuando trastabillado por Piqué derriba a Mascherano y el gol de Higuaín no sube al marcador. El colegiado ve solo la segunda parte de la jugada y pita una falta de Cristiano, autor del pase decisivo.

Asustado, el Barça reacciona y Pedrito, gracias a una jugada que arranca en Valdés y pasa por Iniesta, se pone solo frente a Casillas. Es el gol de la ventaja blaugrana. El Madrid no se da por vencido. Di María tira al palo, recoge el rebote y pasa a Marcelo para empatar. El final es tenso pero no hay más goles. El Barça sabe controlar la situación. Messi esta vez no marca, pero recorre ocho kilómetros, se emplea como uno más en la presión, provoca una amonestación a Carvalho, una tarjeta amarilla a Xavi Alonso, otra a Marcelo y una más a

Adebayor. Sobre el césped los jugadores del Barça festejan la victoria y el final de un mes agotador. Ronaldo se queja de los árbitros y acusa a Mascherano de hacer trampa fingiendo una falta que él nunca cometió: «En el Liverpool no era así. Ha aprendido a hacer trampas en Barcelona». Messi no habla. Casi nunca habla. Esa también es otra de las diferencias entre Cristiano y Leo, los dos más grandes.

Cristiano y Mou

Un amigo y un hombre admirable

$\mathcal{M}$ejor deportista masculino: Cristiano Ronaldo. Mejor entrenador José Mourinho. En la categoría deporte masculino son ellos los vencedores de la XVI edición de los Globos de Ouro, que organiza la revista portuguesa *Caras* y la cadena televisiva SIC y que premia a los mejores en el cine, en el teatro, en la música, en la moda y en el deporte en Portugal. Ronaldo, gracias a su récord de goles en la Liga, ha superado a Armindo Araújo, tetracampeón del mundial de rallys, Fabio Coentrão, del Benfica, que será traspasado al Real Madrid y João Pina, medalla de oro en los campeonatos de Europa de judo. Mourinho, que repite título por segundo año consecutivo (lo había ganado también en 2010 gracias a su victoria en la final de la Champions con el Inter) queda por delante de Jorge Jesús, entrenador del Benfica, Domingos Paciência, técnico del Sporting y Rui Rosa, el entrenador de la selección lusa de judo.

La gala se celebra el domingo 29 de mayo de 2011 y, curiosamente, ninguno de los dos vencedores está presente en el Coliseu dos Recreios de Lisboa. Ronaldo está concentrado con la *seleção*, que se juega su clasificación para la Eurocopa de 2012 contra Noruega. Y Mourinho se ha quedado en Madrid preparando la nueva temporada, con todo el poder en sus manos, después de la salida del club de Jorge Valdano. Al futbolista le representa su hermana Catia Aveiro, y al entrenador su amigo João Graça. Los Globos de Ouro son uno más de los muchos premios que han recibido Cristiano y Mou, dos ídolos en Portugal, dos madridistas y dos hombres que tienen una relación muy estrecha y a veces polémica.

En abril de 2010 el Inter de José Mourinho gana en San

Siro 3-1 al Barcelona en la semifinal de ida de la Champions. En Valdebebas, durante la conferencia de prensa, a Cristiano le piden opinión sobre su compatriota: «Voy a ser directo y honesto. Me gustan las personas con mentalidad ganadora. Estoy contento con el trabajo de Pellegrini y ahora mismo no quiero hablar de los demás», corta el portugués. Pocas semanas después, en la Casa Blanca se rumorea que Mourinho puede ser el nuevo entrenador del Real Madrid. Sky Sport News vuelve a la carga sobre el tema. Y Ronaldo explica: «Es un entrenador muy especial, ha demostrado ser uno de los mejores del mundo. Puede ser que a algunos no les guste por su carácter o porque es una persona especial. Yo lo conozco muy bien. Y me gusta mucho. Conozco su carácter: es un ganador». Y a quien le pregunta: «¿Le gustaría que llegara al Madrid después de que levante la Champions League con el Inter?», le responde: «No es el momento de hablar de eso. A mí ahora solo me preocupa hacer un buen Mundial con Portugal, no lo que pase con los fichajes, ni con el entrenador del Madrid. Solo puedo desearle suerte para la final de la Champions. Es portugués, como yo, y por eso deseo que consiga la Champions».

El 22 de mayo Mourinho gana, en el Santiago Bernabéu, el trofeo continental: el Inter derrota al Bayern de Múnich por 2-0. Cuatro días después, Florentino Pérez anuncia la destitución de Manuel Pellegrini y confirma la llegada al banquillo del Madrid de José Mourinho. Cristiano, con su selección en el Mundial de Sudáfrica, está contento: «Los títulos que ganó en los clubes donde ha estado hablan por él. Espero poder lograr y festejar varios títulos con él. Porque fue también con ese objetivo por el que fiché con el Real Madrid. Y tengo mucha confianza de que eso pasará», asegura en el diario *Público*.

José Mourinho, por su lado, en una entrevista a *Marca*, habla maravillas de su compatriota: «Cristiano es un fenómeno. Nadie puede criticar si durante sus vacaciones está con Paris Hilton, va a Los Ángeles o se compra un Ferrari. Alguien que trabaja así es un profesional de otro mundo. Es un futbolista histórico. Para ser como Pelé, Maradona o Di Stéfano solo le faltan títulos». *Special One* sabe perfectamente que Cristiano no es feliz tras su primera temporada en el Madrid sin trofeos. «No creo que esté contento por haber hecho una temporada increíble o haber marcado 26 goles en la Liga. Lo que necesita son títulos».

Sí, Mou conoce muy bien a su futuro jugador. Lo conoce desde cuando jugaba en los juveniles del Sporting Lisboa. «Era un partido contra la União Desportiva de Leiria. Nosotros íbamos a entrenar después, así que nos quedamos viendo el encuentro. Entonces me acerqué a mi ayudante y le dije: "Ahí va el hijo de Van Basten". Era un delantero, un jugador muy elegante en sus movimientos, con una gran calidad técnica. Me recordaba al holandés. Es curioso... no sabía ni su nombre, pero tengo que reconocer que nos dejó a todos asombrados porque destacaba muchísimo sobre el resto del equipo.»

Desde aquella vez los caminos de Cristiano y Mou se han cruzado muchas veces. Cuando Mourinho dirigía al Oporto, con el que ganó dos títulos de la liga portuguesa y una Champions, Ronaldo debutó con el Sporting de Lisboa. La historia sigue en Inglaterra: uno en el banquillo del Chelsea, el otro con la camiseta número 7 del Manchester United. Cristiano desembarca en las islas británicas en 2003 y Mourinho llega a Stamford Bridge en junio de 2004, y gana dos Premier League seguidas, tanto que a Ronaldo le llegan a preguntar si Mou tapa, como portugués, sus éxitos en Inglaterra. «Estamos hablando de un entrenador con su currículo y de un jugador también con su currículo. Mourinho es un gran técnico, uno de los nombres importantes en la Premier. Pero yo tengo mi espacio. Y para Portugal es importante tener dos hombres de quienes se habla tanto. Nos enfrentamos cuando nuestros equipos se enfrentan, pero somos amigos.»

Pero un año después, entre los dos, se desata una polémica que dio mucho que hablar. Hoy, al recordarle las disputas que tuvo con el técnico, Cristiano afirma que «agua pasada no mueve molino». Pero por aquel entonces la historia hizo correr ríos de tinta. El domingo 22 de abril de 2007, el Manchester United y el Chelsea están luchando por el título de Liga. Los *Blues* han empatado en Newcastle y el árbitro no ha visto un penalti a su favor mientras que, el día anterior, en Old Trafford, a los *reds* le han perdonado un penalti en contra. José Mourinho dice en rueda de prensa que hay «una nueva regla en el fútbol inglés: no pitan un penalti contra el United y no conceden uno a favor del Chelsea». Y añade: «No creo que se me pueda castigar por decir la verdad... Si me quieren castigar por esto que me castiguen. Significaría el final de la democracia y el retorno a los viejos tiempos».

Palabras que desatan una guerra verbal entre el portugués y el Manchester United. El primero en responder, en la televisión portuguesa, a las declaraciones de Mou es Cristiano Ronaldo que justo ese mismo día acaba de recibir el premio como mejor jugador de la Premier. «No quiero que se me obligue a hablar de Mourinho y de sus quejas sobre los árbitros. Todo el mundo sabe cómo es Mourinho. Siempre tiene que decir algo para llamar la atención, especialmente cuando no está satisfecho con el rendimiento de sus jugadores. Cuando se equivoca, nunca lo reconoce». La respuesta de Mourinho no se hace esperar. Dos días después a RTP TV dice: «Un jugador que quiere ser el mejor del mundo, y puede serlo, debe tener la honestidad y la madurez suficiente para comprobar que contra los hechos no hay argumentos. Si él dice que es mentira que al Manchester United, esta temporada, le han concedido penaltis que no se han pitado contra ellos está mintiendo. Y si miente nunca alcanzará el nivel que quiere alcanzar».

Para defender a Cristiano Ronaldo sale *sir* Alex Ferguson. En una conferencia de prensa no para de hablar del tema. «Ronaldo tiene una opinión. Eso no significa que sea un mentiroso.» Y sobre Mourinho dice: «Es un hombre que no respeta a nadie salvo a sí mismo. Parece haberse montado una cruzada personal. Me sorprende que no le hayan sancionado. Dice que las reglas del fútbol han cambiado. Quisiera saber: ¿quién lo ha hecho? ¿somos nosotros? ¿la Federación inglesa? ¿la UEFA? ¡Cristo Dios! ¡Siempre despotricando! ¡Dale que dale...! No creo que esté siendo justo con nuestro deporte». Y continúa: «Todos recibimos malas y buenas decisiones arbitrales. No se acuerda, por ejemplo, del gol legal que nos anularon cuando jugamos y perdimos contra su Oporto en la Copa de Europa. No nos gustó y nos quejamos. Pero no fuimos a la guerra». Ferguson está convencido que Mourinho pretende presionar a los árbitros. «Es un tipo muy inteligente. A los ojos de algunos es un héroe. Yo no sé quién es el villano y quién es el héroe. Pero está todo calculado. Nos quedan cuatro partidos de

Liga. Si nos pitan un penalti a favor, Mourinho gana la guerra.» En la disputa entra al trapo Carlos Queiroz, por aquel entonces segundo de Ferguson. «Mourinho tiene su propio estilo: siempre intenta desviar la atención a las cosas que le convienen. Así es. Nosotros somos diferentes porque tenemos la humildad de reconocer los méritos de nuestros rivales.» Después del partido contra el Bolton, un 2-2 en Stamford Bridge, que deja al Chelsea a cinco puntos del United, líder de la Premier, en la rueda de prensa Mourinho vuelve a la carga contra Cristiano: «Es un niño que ha hecho unas declaraciones en las que no muestra madurez ni respeto. Quizá sea la consecuencia de una infancia difícil, sin educación. Sir Alex sintió que tenía que proteger a su niño. Una cosa normal... No tengo ningún problema con Ferguson. No tengo ningún problema con el chico».

Al entrenador del United estas declaraciones le sacan de quicio: «Tal vez la táctica sea la de desestabilizar al chico. No sé. Lo que es cierto es que haber nacido en una familia pobre, de clase obrera, no quiere decir que no estés educado. Ronaldo tiene sus principios y sus ideas. Hay gente que está muy bien educada, pero no tiene principios, así que dejamos aquí el asunto». Pero no se queda ahí. La guerra de palabras solo termina cuando *The Special One*, cambiando sus hábitos, pide disculpas a Cristiano. Y Cristiano las acepta: «Mourinho se ha disculpado conmigo y ahora no tengo ningún problema con él. En cuanto a mí toda esa historia es algo pasado».

Las disculpas llegan a través de una conversación telefónica entre Mou y Cristiano, que revela Jorge Mendes, el agente de los dos, y que se produce justo antes del partido de la Premier entre Chelsea y Manchester United. Pocas semanas después, en la víspera de la final de la Copa contra los *red devils*, que se juega en el nuevo Wembley Stadium, le preguntan a Mou si quiere enviar un mensaje a Ronaldo y lo hace: «Que juegue bien, que sea justo con sus adversarios, y que no haya lesiones, porque no me gustan ni para mis jugadores ni para los contrarios».

La polémica se ha cerrado de verdad. Mourinho deja el Chelsea el 20 de septiembre de 2007 y Cristiano lo añora. Cree que los *blues* serán un equipo distinto. «Nunca hay que descartar el Chelsea para la Premier. Pero tengo la impresión de que no va a ser una buena temporada para ellos», asegura en una entrevista al diario vienés *Heute*. Tres años después los dos se encuentran en el Real Madrid. Desde el primer momento, las impresiones del futbolista son excelentes. Dice que Mou es un entrenador casi infalible. «Una prueba de ello está en la forma en que ganó la Champions con el Inter. Vi muchos partidos del equipo italiano el año pasado y Mourinho resultó decisivo y clave para que lograra la Champions, la Liga y la Copa.» Confía en él y asegura que «este año, todos juntos vamos a pelear por ganar todas las competiciones».

En octubre, después de la victoria del Real Madrid en la liguilla de Champions League (2-0), contra el Milan, Cristiano, que ha marcado un golazo de falta, asegura: «Con Mourinho todo el mundo está feliz. Cuando las cosas no funcionan bien es normal que la gente esté triste, pero esta temporada va de maravilla. Doy gracias a Dios que todo vaya bien. Mourinho es fantástico. Con su experiencia, y con todos los títulos que ha ganado, trabajar con él es un placer. Siempre dije que quería ser entrenado por Mourinho. Ahora ya es una realidad y yo no soy el único feliz, también mis compañeros están encantados. Espero ganar la Champions».

Por su parte, Mourinho considera a Cristiano un intocable, fijo en el 11 titular. Lo define: «Un trabajador humilde y sencillo que vive con una imagen que le han construido que no tiene nada que ver con quien es. Es un gran profesional que vive para el fútbol, para hacerlo lo mejor posible». Para Mourinho, su compatriota es el mejor del mundo. «Hay dos opciones. ¿Cristiano? ¿Messi? Si consideras a Cristiano el uno, Messi es el dos. Si consideras a Messi el uno, Cristiano es el dos. Pero para mí está claro: Cristiano es el número uno.» Mou está convencido que CR7 seguirá siendo el mejor por muchos años, ya que no ve a «ningún jugador que pueda llegar a su nivel en un futuro próximo».

El 10 de enero 2011, en el Palacio de Congresos de Zúrich Lionel Messi gana, por delante de sus dos compañeros del Barcelona (Andrés Iniesta y Xavi Hernández), el Balón de Oro de la FIFA. Su segundo consecutivo. Cristiano no está entre los tres finalistas. José Mourinho, por contra, sube al escenario para recoger el premio al mejor entrenador. Ha derrotado al seleccionador español Vicente del Bosque y a Pep Guardiola. Sobre el trofeo entregado a Messi, el portugués dice: «Para mí él, Iniesta y Xavi son jugadores de otro mundo. Y cuando un jugador de otro mundo como Messi gana se le debe todo el respeto. Obviamente a mí me hubiera gustado que ganara Sneijder por lo que ha hecho el año pasado, o Cristiano Ronaldo, porque es mi jugador actual, pero tengo que respetar a quien ha sido elegido».

Otra vez Mou no escatima elogios para su pupilo y durante toda la temporada lo defiende de las críticas y de las provocaciones. Cuando en septiembre Cristiano Ronaldo, fastidiado porque el público del Bernabéu le ha silbado durante el partido ante el Osasuna, pide a la afición merengue «emplear sus energías en apoyar en vez de silbar». Y agrega: «Cristiano es un chico que arriega su cuerpo y su futuro por jugar con el Madrid, asumiendo el máximo riesgo. Solo pido comunión entre público y equipo, de un modo positivo». Después de un rifirrafe entre Cristiano Ronaldo y Walter Pandiani, al término de la primera parte del Osasuna-Real Madrid, *el Rifle* comenta que a Cristiano «le falta un tornillo». Y Mou responde: «Pandiani debería pagar por publicidad gratuita. Se paga carísima. Hoy ha tenido sus minutos de gloria al hablar de Cristiano. La publicidad en horarios de máxima audiencia es cara. Él no ha pagado, es listo y ha tenido sus momentos de gloria». Pandiani nunca se calló y esta vez tampoco: «Ya salió a defenderle su papá. ¿Publicidad a mí? Llevo once años en España para que me den publicidad estos dos».

Más de una vez en polémica con los árbitros, José Mourinho sostiene que «los rivales le pegan a Cristiano, mientras que ante otros, los adversarios se desvían, tienen miedo a meterle el pie y no le toca nadie». Una idea que Ronaldo hará suya tras una patada de Leko, defensor del Dinamo de Zagreb, en el primer partido de Champions de la temporada 2011-12. «Cuando yo juego los árbitros no me protegen nunca. A unos los tratan de forma fantástica, no los pueden tocar. A mí ya me pueden dar un palo y derribarme que no pasa nada. ¡No me lo explico!» La alusión a Messi y al Barça es obvia.

Justo después de un partido contra el Barça, ida de las semifinales de la Champions, llega el desencuentro entre los dos portugueses. Ronaldo se queja del juego defensivo del Real Madrid. «No me gusta, pero me tengo que adaptar porque esto es lo que hay.» Esta frase, concisa pero contundente, abre un gran debate en los medios y a Mourinho no le hace ninguna gracia. Son las primeras críticas que recibe desde el vestuario y llegan de su jugador estrella. «Él puede decir lo que quiera. Es su opinión. No es un problema para mí», contesta Mourinho, pero lo deja fuera de la lista de convocados para el partido contra el Zaragoza, vital para la Liga. Mourinho lo explica como un descanso con vistas al nuevo duelo con el Barça en el Camp Nou, pero nadie se lo cree. En toda la temporada, ha sido baja técnica solo una vez en diciembre en un partido intrascendente de Copa del Rey contra el Levante.

Cristiano está indignado después del castigo recibido y Mourinho furioso porque su pupilo ha criticado en público su táctica especulativa. Según *El País,* «durante la concentración de Barcelona, en vísperas del último clásico de la Champions, el jugador y Mourinho exhibieron ante la plantilla la discordia que los separa en las últimas semanas». En este diario se desvela que Mourinho le dijo a Ronaldo: «Cris, tú no te quejes de que jugamos defensivamente porque sabes que si jugamos así es por tu culpa. Porque tú no quieres defender».

Mourinho está convencido de que si Cristiano es el rematador más prolífico del mundo es gracias a su sistema. Un modelo hecho a la medida del atacante: le permite esperar sin esforzarse, ahorrando energía para la carrera y la definición. Por eso no soporta escuchar críticas que llegan del único jugador a quien se lo ha permitido todo y sobre el que ha construido un sistema de juego. Los periódicos abundan en la herida entre los dos y se recurre a la famosa polémica que ambos tuvieron en Inglaterra. Se llega a decir que es el principio del fin, una ruptura entre las dos estrellas del Madrid. Pero no será así.

Al final de la temporada todo parece arreglado. Cuando la Cadena COPE pregunta a Cristiano si lo del Zaragoza fue un castigo de Mourinho, el responde: «No sé. Tienes que preguntarle a Mourinho. Cuando venga a la radio se lo preguntas». Y sobre sus declaraciones después de aquel partido contra el Barça corta por lo sano: «Eso ya está todo hablado. Yo he hablado con los compañeros y con el míster. A veces lo que pensamos no es lo que debemos decir. A veces decimos cosas que no queríamos decir. No fue con mala intención, pero estaba frustrado por el partido y por la expulsión de Pepe. Pero ese capítulo ya está cerrado. Nadie es perfecto».

Una autocrítica y un balance positivo de su relación con Mou. «Para mí fue muy importante que llegase a Madrid. No solo por ser un entrenador portugués, porque eso no es lo más importante. Para mí lo mejor es que en todas las ligas por las que ha pasado ha demostrado que es el mejor. Porque los mejores son aquellos que demuestran en muchas ligas, no solo en una, que son muy buenos. Y él lo ha demostrado. Cuando digo entrenadores, también digo jugadores. Si eres bueno aquí, tienes que ser bueno en Inglaterra, en España o en Italia. Y para mí él es el mejor porque ha ganado todos los campeonatos por los que ha pasado. Tiene una mentalidad muy ganadora, muy fuerte. Lo hemos sentido muchos jugadores, y solo los que trabajan con Mourinho saben realmente como es. Las personas no tienen ni idea de lo que pasa dentro del vestuario y dentro de los entrenamientos, pero tienen una opinión de él. Les gusta o no les gusta, como pasa conmigo. Para mí es un gran entrenador, fenomenal y espero que siga entrenándome muchos años.»

Mourinho o Ferguson, ¿quién es el mejor? «Es diferente. No podemos comparar Ferrari con Porsche. Te gusta más Ferrari o te gusta más Porsche. Hay opiniones distintas. Para mí son los mejores con los que he trabajado. Ahora Mourinho me ha impresionado mucho por sus métodos de entrenamiento, que son los mejores. Pero no podemos comparar.» Y en septiembre del 2011 cuando empieza el nuevo curso hablando con *Marca* añade más elogios a su entrenador: «El míster es primero mi amigo; segundo, mi entrenador; y tercero, una persona a la que admiro, con la que estoy encantado de trabajar y de la que aprendo cosas cada día».

El Ansias

Pasiones y obsesiones

*P*asiones: Fútbol, coches, familia, clan, atletismo, tenis, natación, música, Madeira, ping-pong…

Obsesiones: Los abdominales, el pelo, las cejas, el 7, la lucha contra el humo del tabaco, la dieta, la altura del césped de su casa, su vida privada, el balón, el gol, los títulos, Messi, el Balón de Oro, ser el mejor, la perfección…

Ejercicio útil: escribir en cualquier buscador de Internet el nombre y apellido de CR7 y la palabra *pasiones*. «Cristiano Ronaldo levanta pasiones» es el titular que más aparece. Levanta pasiones entre los aficionados del Real Madrid, levanta pasiones en Portugal, en Inglaterra, en Washington, en Asia, entre el público femenino, entre los niños que sueñan con ser futbolistas o en la comunidad gay (la revista *Gay Times* lo eligió en 2009 como el hombre más sexy del mundo). Vaya donde vaya: a un estadio, al aeropuerto, a una tienda de ropa o a un restaurante, el portugués levanta pasiones. Idolatría, locura, envidia, odio, amor. Para algunos es un héroe, para otros un villano, para algunos es un ejemplo del perfecto futbolista moderno, para otros un buen jugador sin más. Para algunos es un dios, para otros un diablo.

Desde que aterrizó en Inglaterra, Cristiano no deja a nadie indiferente. Hay quien lo aprecia por ser absolutamente honesto y quien lo juzga simplemente como un prepotente. Pero cuáles son realmente las pasiones de un hombre que levanta tantas pasiones. Las normales de un futbolista joven, rico, guapo y famoso: la ropa de firma, los accesorios, la velocidad y los coches deportivos. Su última adquisición, un Ferrari 599 GTO, capaz de pasar de los 0 a los 100 kilómetros por hora en tan solo 3,35 segundos gracias a su motor V12. Antes de esta impresionante máquina, que se parece al famoso *Bat Móvil*, por las manos de Ronaldo pasaron otros volantes: Mercedes, Porsche 911, Bugatti Veyron, Bentley Continental GTSpeed, Aston Martín DB9, Maserati Gran Cabrio y otro Ferrari, el 599 GTB Fiorano, un V12 de 6.0 litros y 612 cv que el portugués estrelló y destrozó el 8 de enero de 2009 contra una valla protectora de un túnel del aeropuerto de Manchester. Un accidente aparatoso del que Cristiano salió ileso.

Futbolista y coche es un binomio normal como también es normal que un futbolista sea un apasionado del deporte. A Cristiano después del fútbol lo que más le apasiona es el pingpong. Empezó a practicarlo de chiquillo en Madeira, donde hay una buena tradición y clubes a nivel nacional. Continuó en los años del Sporting y nunca lo ha dejado. Le encanta ver los partidos y le encanta desafiar a amigos y compañeros de equipo. Presume de ser muy bueno y bastantes veces ha contado que el entrenador del equipo de ping-pong del Sporting le propuso formar parte de su equipo. El tenis es otro de los deportes que practica con mucha frecuencia. En su mansión inglesa no faltaba una pista de tenis. También es un gran aficionado al atletismo y a la natación (la piscina es imprescindible en su residencia).

Música. «Amor mío, eres el ser que amo sin fin. / Pasión divina, amor mío. / Razón eterna de vivir. / Amor mío, mi vida es toda un vacío sin ti. / Quiero que me sientas cerca, y así, tus ojos en mí, amor mío. / Amor mío.» Sí. Cristiano se ha atrevido también a cantar una balada romántica en un vídeo publicitario del Banco Espírito Santo. Un anuncio que inventa un juego con los rumores sobre su vida en Madrid: sus mujeres guardaespaldas, un supuesto hermano gemelo con el que se cambia en los intervalos de los partidos y la pasión musical secreta que le hace soñar con grabar un disco en español. «Cantar no es lo que mejor hago», admite él mismo en el canal Real Madrid Televisión.

No solo se atreve a cantar en los anuncios, también lo hace en el vestuario junto a Pepe, Marcelo y, a veces, también se anima Casillas. «A todos los jugadores nos encanta la música y la escuchamos en los entrenamientos y en los viajes. La música forma parte de mi vida, he crecido en un ambiente musical, mi hermana era cantante y cuando vivía en Madeira con mi familia iba a ver los espectáculos musicales tradicionales. No tengo una música favorita, depende del momento, de la compañía, de muchos factores», dice el portugués. Antes de un partido prefiere temas que tengan marcha. Después de un gol, en el terreno de juego, le gusta el ritmo de *Ai se eu te pego*, de Michel Teló, el Justin Bieber brasileño, para bailarlo junto a Marcelo.

Familia y clan. Se puede llamar pasión, amor, devoción filial o fraternal, pero lo que más le importa a un chico que ha tenido que abandonar su tierra y su núcleo familiar, cuando tenía 12 años, es su madre María Dolores, sus hermanas, su hermano, su cuñado, sus sobrinos (Rodrigo y Dinis), sus sobrinas (Beatriz y Eleonor), su primo Nuno, todo un clan donde entra de pleno derecho también Jorge Mendes, su representante. Siempre ha dicho que está apegado a su familia, que su madre ha sido el pilar en su vida, que con ella tiene una relación especial, que ha sido el niño mimado, que nunca lo ha abandonado ni un solo instante, que su padre lo ha apoyado, que le ha dado mucho y él se lo ha devuelto y se lo devuelve como algo muy natural.

A su madre la jubiló desde el momento que firmó el contrato millonario con el Manchester United. Le compró una nueva casa y la cuidó cuando tuvo problemas de salud. A su padre trató por todos los medios de salvarlo de su alcoholismo. A su hermano lo sacó del pozo de las drogas. A su hermana menor, Catia, la ayudó en su carrera como cantante con tres discos editados. A su hermana mayor, Elma, le dejó la dirección de la tienda de su marca CR7 en Madeira. Su cuñado Zé, el marido de Catia, es su brazo derecho desde Manchester. Una familia que siempre ha estado con él y lo ha arropado. Una familia que lo es todo para Ronaldo.

Madeira. La isla de la niñez, la isla perdida donde le encanta regresar para refugiarse en su familia. Una isla que él ha promocionado en todo el mundo, la isla donde ha llevado a Irina, su novia. La tierra a la que no duda en ayudar cuando, en febrero del 2010, fue azotada por un temporal que provocó más de 42 víctimas, muchos heridos y daños incalculables. «Quiero expresar mi disponibilidad para, en la medida que me sea posible, ayudar a los organismos y entidades oficiales para minimizar y superar cuanto antes los efectos de esta gran tragedia», expresó Cristiano Ronaldo en aquel momento. Y en el Bernabéu, después de marcar un gol contra el Villareal, se levanta la camiseta para que todos puedan leer su solidaridad con Madeira.

Obsesiones. Los amigos y los compañeros de equipo le llaman Cris, pero en el vestuario del Real Madrid también le han apodado *El Ansias*. ¿Por qué? Así lo explica Diego Torres en *El País*: «Sus colegas saben que Cristiano está obsesivamente dedicado a una prolongada lista de cuestiones. Sus abdominales, sus cejas, su melena, la lucha contra el humo del tabaco, sus títulos, sus goles y, sobre todo, la reconquista del Balón de Oro». Sí, las obsesiones de Ronaldo son muchas, empezando por su condición física y su imagen. El portugués controla el más mínimo detalle de su dieta, se aleja de los excesos y mantiene una abstinencia alcohólica. Si un día se pasa, al día siguiente se queda media hora más en el gimnasio… Sus sesiones de abdominales son famosas y se han transformado casi en una leyenda urbana. Son muchas las discusiones y las preguntas de los periodistas sobre el número exacto de abdominales que hace diariamente.

Cristiano quiere lucir un cuerpo escultural, estar siempre al tope de su condición física y cuidar la imagen que el mundo tiene de él o, mejor dicho, la imagen que él quiere dar al mundo. De ahí, las cruzadas de su agencia contra la prensa sensacionalista inglesa que le atacó y atacó a su familia. En varias ocasiones fue a los tribunales y ganó contra quien le acusaba, por ejemplo, de gastarse 10.000 euros al día en juergas. Cristiano no quiere ninguna intromisión en su vida privada o en la de su familia, y quiere manejar su imagen pública. Todo lo controla y los detalles son fundamentales para el portugués, en todos los sentidos, como la altura del césped del jardín de su casa, que vigilan los operarios al exigente gusto del futbolista.

Tiene también una fijación por el número 7 y por sus iniciales, CR. Pero la obsesión que todo lo resume es la de ser el mejor, mejor que nadie, mejor que Messi, su adversario en la lucha por el primer peldaño del fútbol mundial. Y eso puede pasar factura: «A veces nos obsesionamos tanto con lo que deseamos conseguir, que esto nos impide realizarlo. Marcarnos objetivos de una forma obsesiva nos genera presión y tensión, y este no es el mejor estado anímico para competir», explica en *Marca* la psicóloga Patricia Ramírez. Ansia, impaciencia, sobre-motivación y excitación no permiten, según los psicólogos, obtener el mejor rendimiento. Ya en Argentina le han aconsejado a Cristiano tumbarse en la butaca de un psicoanalista para resolver los problemas de su superego y admitir su bajo rendimiento cuando se enfrenta a Lionel Messi. Pero la obsesión última de Cristiano no es el juego, ni Messi, ni el gol, ni el Balón de Oro. Su obsesión verdadera es la perfección. Algo que no es de este mundo.

Tres miradas sobre CR7

Ayer, hoy y mañana

*T*res periodistas: un argentino-español, un portugués y un inglés. Tres especialistas que comentan, expresan ideas, emiten opiniones dispares, puntos de vista y perspectivas particulares, miradas desde ángulos diferentes sobre Cristiano Ronaldo. Y hablan del futuro próximo y menos próximo de un futbolista. Responden a algunas preguntas fundamentales y cada uno se centra en un tema particular. Los tres han seguido la carrera del jugador en Portugal, en Inglaterra y en España. Son Diego Torres (redactor de *El País*), Manuel Pereira (corresponsal en España del diario portugués *A Bola*) e Ian Hawkey (corresponsal de fútbol europeo del británico *The Sunday Times*). Hablan ellos.

—*¿Qué opinan de Cristiano Ronaldo como futbolista?*
—Diego Torres: Me gusta mucho. Es un goleador maravilloso y cada día, a medida que madura y se hace más débil, mejora su condición como atacante. Porque a los 27 años tiene que sentir algún dolor que no sentía cuando tenía 18 ó 20, pero va mejorando también como jugador.
—Manuel Pereira: Es un gran futbolista. Gran poderío físico, gran velocidad, gran remate, gran goleador, aunque quizá no sea un gran jugador de equipo. Las condiciones básicas ya las tenía en el Sporting de Lisboa, pero en el Manchester, con Alex Ferguson, aprendió muchísimo. Lo cuidaron muy bien y se desarrolló sobre todo desde el punto de vista físico. Se hizo un gran futbolista con los *red devils*. Cuando vino al Madrid era un jugador en plenitud y maduro. Yo creo que marcará una época en el fútbol.

—Ian Hawkey: Es magnífico como atleta. Tiene un cuerpo impresionante, tiene fuerza y rapidez y por supuesto marca un montón de goles. Es un profesional que cuida su cuerpo como si fuera una máquina, con vanidad: es su herramienta más importante. Y además tiene confianza en sí mismo, otra cualidad indispensable en un futbolista. Desde muy joven tenía ambición, siempre fue osado, siempre intentaba hacer cosas difíciles y todavía las hace y con éxito. Es el perfecto futbolista moderno. Si quieres criticarlo puedes decir que en el Manchester United, por ejemplo, se complicaba la vida en los remates. Tal vez porque todavía era muy joven.

—*¿Qué cualidades impresionan más de Ronaldo?*
—D. Torres: El golpeo del balón. Es un golpeo terrible porque le da un efecto increíble a la pelota, un efecto de arriba hacia abajo. Y no solo cuando tira faltas: cuando dispara en una acción de partido la pelota suele describir una parábola muy complicada para un portero. La pelota no va recta: sube, baja… Es terrible para el portero.
—M. Pereira: Además del poderío físico, tiene un gran control del balón. Se ve en la forma que ejecuta las faltas. Sabe desmarcarse con facilidad y, sobre todo, sabe aprovechar su fuerza.
—I. Hawkey: Su rapidez es fundamental y también como golpea la pelota, que es diferente a todos los demás. Con muy poco movimiento de la pierna, le pega con mucha fuerza.

—*¿Qué les parece Ronaldo como persona?*
—D. Torres: Me parece un chico un poco ingenuo, inmaduro. Es verdad que en algunas cosas ha tenido que madurar mucho y muy de prisa y en otras se ha quedado a medio camino. Y me resulta muy difícil juzgarlo como persona porque es un chico que se crió en un ambiente de pobreza sin las facilidades que han tenido la mayoría de las personas. Muchos creen que por ser Europa, por ser Portugal y no Suramérica, los futbolistas y los jóvenes son privilegiados, pero no todos lo son. Mucha gente tiene dificultades económicas y familiares graves y Cristiano las tuvo. No fue fácil la infancia de Cristiano. Él dice que fue feliz, pero no es más que una manera de

ser agradecido y generoso con sus padres, con su familia, con sus hermanos. Él lo dice por cariño a los suyos, porque es una persona cariñosa. Me parece un chico noble, pero que no ha tenido una educación convencional. Digamos que se ha educado a sí mismo. A los 12 años se fue a vivir a Lisboa solo. Para un chico de una isla en medio del Atlántico esto debe ser muy duro.

—M. Pereira: A mí, a veces, no me gusta nada lo que dice: como el año pasado después del partido de Champions contra el Zagreb cuando suelta: «Soy rico, guapo y un gran jugador y por eso me tienen envidia». Puede ser que haya mucha gente y muchos futbolistas que le tengan envidia por dinero. Guapo… me gustaría ser como él, pero todo se puede discutir. Que es un gran jugador, es verdad, pero a mí me hubiera gustado que lanzara otro mensaje. Él viene de un medio muy pobre, a los doce años lo llevan a Lisboa, en donde estaba solo y lloraba todos los días. Su padre era un alcohólico, su hermano un drogadicto. No era una familia modelo. Ahora es rico y famoso, y todo lo que ha conseguido, lo ha conseguido él, sin ninguna ayuda, por eso me hubiera gustado que su mensaje y su imagen fueran distintos. Sobre todo hoy cuando todos sabemos que muchos jóvenes de su edad, o mayores que él, tanto en España como en Portugal, no tienen trabajo, no tienen futuro, no saben qué hacer con sus vidas. Cristiano, que es un ídolo, para miles y miles de chicos y chicas, podría decir: «Fíjense en mí, yo no era nadie, pero gracias a mis esfuerzos, a mi tesón, a mi determinación, miren donde he llegado». Sería un ejemplo a seguir. Si creemos en nosotros mismos, si luchamos, si trabajamos, podemos llegar. Con sacrificios. Él ha nacido con un don para el fútbol, pero quizás cada uno de nosotros tenga un don y no lo aproveche. Sí, Cristiano tendría que ser un ejemplo positivo.

—I. Hawkey: Su profesionalidad no se discute, lo dicen los entrenadores que han trabajado con él. En el vestuario, ya sea del Manchester, del Real Madrid o de Portugal, aunque se tenga una idea bastante fuerte del papel que juega y de su importancia, no tiene muchos enemigos ni compañeros que le tengan celos. También sabe que en Manchester durante tres años y en Madrid en los últimos dos, la táctica del equipo está basada en él. El Manchester ha jugado a la contra para aprovechar su rapidez y sus remates. Hemos visto que Rooney, por ejemplo, ahora, sin él, juega un papel muy diferente. En su forma de jugar, Cristiano siempre ha pecado de individualismo. En Manchester ha habido momentos cuando era joven que prefería chutar antes que pasar la pelota a un compañero. Ahora lo hace menos. Ha madurado. Pero yo sigo creyendo que debe gestionar mejor su ego.

—*¿Qué me dicen del personaje que Ronaldo se ha creado o que le han creado?*

—D. Torres: No hay una estructura de márketing detrás de Ronaldo para crear una ilusión. Es él, el propio Cristiano, el que genera estas fantasías, estas ilusiones. Mucha gente lo ve como un villano y otros como un héroe. Evidentemente Cristiano es un poco prepotente y arrogante y no se sabe comportar de acuerdo con las reglas de la etiqueta, del protocolo y de la diplomacia. Probablemente no sea lo más inteligente comportarse como él se comporta, pero hay algo en Cristiano de incontenible. Él no se puede controlar. Yo creo que hay cosas, dentro del campo sobre todo, que no maneja. Dentro del campo no piensa con la cabeza, piensa con el corazón. Y pierde la cabeza, como le pasa a otros muchos futbolistas. Hay que tener en cuenta que no ha tenido una educación convencional: él ha sido su propio padre, no tiene que rendir cuentas a nadie. Solo a sí mismo. Yo estoy seguro que en el interior de Cristiano hay un padre duro, terrible. Cristiano para sí mismo debe ser una persona muy exigente, muy rigurosa y debe ser un hombre con poca facilidad para estar en paz consigo mismo, debe ser un hombre un poco atormentado. Y en el campo es pura pasión y desequilibrio, pero eso le hace competir y ser un futbolista espectacular.

—M. Pereira: Alrededor de él hay un núcleo que lo protege, que impide llegar hasta él y al mismo tiempo no le permite mostrarse como es de verdad. Yo sinceramente creo que es una buena persona, pero la imagen que ofrece es de un prepotente. Creo que alguien le debería sugerir bajarse del pedestal donde lo han subido. Tiene que hacer un esfuerzo y no estar tan distante de la gente. Me gustaría que su imagen fuera distinta. No me gusta nada ir al estadio y escuchar que le gritan: «Ese portugués, hijo puta es». Como portugués, me gustaría escuchar algo diferente. «Ese portugués, que bueno es».

—I. Hawkey: Hay que decir que tiene una imagen un poco prepotente y él lo sabe. El público lo ve como hombre vanidoso y un poco chulo, pero es una imagen que a él evidentemente le gusta. No hay más que escuchar lo que ha dicho después del partido contra el Zagreb.

—*Ronaldo y Messi...*
—D. Torres: Messi es mejor futbolista y más introvertido. Ronaldo es más expresivo y te muestra su corazón cuando hablas con él. De Messi nunca sabremos exactamente lo que lleva en su corazón. Es un hombre más secreto. Como futbolista es mejor por su estrategia y su clarividencia. Él piensa, observa a los jugadores adversarios mucho más, es más analítico, juega mejor con sus compañeros, los encuentra mejor, también los interpreta mejor y hace lo que es fundamental en fútbol: pasar la pelota. Cristiano ahora está aprendiendo a pasarle la pelota a sus compañeros. Esta temporada lo veo hacer algo que no era habitual: tiene la complicidad de pasar la pelota y esperar la pared. Cristiano ha sido muy individualista y no ha entendido el juego como lo entiende Messi.

—M. Pereira: Es siempre muy difícil hacer comparaciones. Creo que los dos son muy buenos, cada uno con su estilo. Lo increíble sería verlos juntos en el mismo equipo. El fútbol español puede estar orgulloso de tener a los dos, que son los dos mejores del mundo. Messi es maravilloso y por algo en los últimos años está ganando los balones de oro. Lo curioso es que los dos tienen el mismo problema con sus respectivas selecciones, donde no han encontrado todavía el sitio adecuado. Menos quizá Ronaldo, que en Portugal es más querido.

—I. Hawkey: Messi es tan bueno como Xavi en dar pases y también por lo que hace fuera del área. Ronaldo sabe pasar muy bien, pero no se puede equiparar con Messi en cuanto a asociarse con los demás. Messi tiene más opciones de juego. Sin duda, de cabeza Ronaldo es mejor, es más alto que Messi y más fuerte, pero nadie se olvida del segundo gol de cabeza de

Lionel en Roma en la final de la Champions de 2009 contra el Manchester. Ronaldo es superior también en las faltas, pero globalmente Messi es mejor futbolista.

—¿*Qué representa Ronaldo para el Real Madrid?*
—D. Torres: En este momento para mí Cristiano es la vida para el Madrid. No solo a efectos de márketing, donde Cristiano es una figura importante para recaudar dinero. Los patrocinadores no serían los mismos, ni los derechos de televisión, ni los negocios que hace el Madrid tendrían el mismo volumen sin él. Y como futbolista es importantísimo porque la mitad de los goles del equipo los mete Cristiano. Si quitamos los goles de Cristiano y ponemos en su lugar a un jugador que mete la mitad, lo que sería normal, nos encontraríamos con un equipo que tendría graves problemas para seguir al Barça. En los últimos dos años los entrenadores han organizado el equipo para que todas las jugadas de ataque acaben en Cristiano.

—¿*Que representa Cristiano Ronaldo para Portugal?*
—M. Pereira: Mucho. Es un ídolo y se le quiere mucho. Pero puede representar más. Yo creo que en la *Seleçao* todavía no hemos visto al Ronaldo de las grandes exhibiciones con el Madrid o con el Manchester. Es también normal: sus compañeros no son gente con quien está acostumbrado a jugar todos los días. Aquí entrena y todas las jugadas están pensadas, están organizadas. En la selección tiene poco tiempo para hacerlo. La Eurocopa de 2012 será un examen muy importante para el.

—¿*Qué ha representado Ronaldo para el Manchester United?*
—I. Hawkey: Sin duda fue el mejor jugador de la Premier League del siglo XXI. En Inglaterra, aunque el fútbol inglés es muy popular, se ve en todo el mundo, tiene mucho dinero y grandes equipos, hay todavía un sentido de inferioridad técnico. Cristiano ha dado al fútbol inglés la posibilidad de decir ya tenemos al mejor del mundo. Y a él le gustó jugar allí. También hay que decir que Ronaldo llegó al Manchester muy joven, aprendió mucho allí. Maduró mucho y construyó su fí-

sico. Con él, el fútbol inglés ha ganado mucho. Y él ha ganado con el fútbol inglés. Un negocio mutuo. Pero su manera de salir de Inglaterra diciendo mi sueño es jugar en el Real Madrid no sentó bien en Manchester. No se puede decir que existe un club más importante y más apetecible, como dijo él. En todo caso creo que Ferguson y Cristiano han hablado largo y tendido y la relación sigue siendo buena. Que Cristiano sea un futbolista nacido para jugar en el Real Madrid, como dice Florentino Pérez, se entiende porque tiene esta confianza, este sentimiento de grandeza que es la imagen del madridismo. Y lo ha hecho muy bien con el Madrid. Se merecía más, pero se ha encontrado con un Barça histórico. El único pero es que quizá el Real Madrid juega demasiado para Cristiano. Hay muchos jugadores jóvenes y fantásticos, como Ozil, que no pueden dar lo mejor de sí mismos ya que se privilegia el contragolpe y el balón a Cristiano.

—¿*Cómo es la relación Cristiano-Mourinho?*
—D. Torres: Es una relación de intereses. Como la relación de China y Estados Unidos. No se llegan a comprender del todo pero se necesitan. Hay una figura que es un intermediario que los relaciona a los dos, Jorge Mendes, amigo de Cristiano y amigo de Mourinho, representante de ambos. Él contribuye a que la relación personal sea mejor, a que se entiendan desde el punto de vista profesional. Pero no hay una empatía de Cristiano con Mou, ni de Mou con Cristiano. No son dos personas que, de forma espontánea, se quieran o se tengan aprecio.

—M. Pereira: Mou necesita más de Cristiano que Cristiano de Mou. Porque en el Real Madrid Mourinho no puede fallar. Tiene que ganar títulos y Cristiano es fundamental. Creo que Cristiano puede aprender de Mou y Mou puede aprender de Cristiano. Es un matrimonio que puede funcionar. ¿Se puede romper? ¿Se pueden separar? De momento, están atados por algunos años. Cristiano tiene contrato hasta 2015 pero en fútbol nunca se sabe. En todo caso es más fácil que se vaya Mourinho.

—I. Hawkey: Los dos son portugueses pero son muy, muy diferentes. Cristiano viene de una pequeña isla lejos de Portugal, de una familia pobre. Mourinho viene de la ciudad de Setúbal, de una familia de clase media alta. Pero el fútbol que hace Mourinho y el que hace Cristiano no son muy diferentes. Lo que es siempre interesante en los equipos que dirige Mourinho es la jerarquía en el vestuario. A *Special One*, desde siempre, le ha gustado mucho controlarlo todo, pero a Cristiano le ha dado más libertad que a los demás. Cristiano puede decir más cosas en público que los demás. Cristiano puede influir en la manera de jugar del Madrid porque es el número 1, es el jugador más importante.

—*¿Cómo ven el futuro de Cristiano?*
—D. Torres: Es muy incierto el futuro de Cristiano porque es un producto comercial y por lo tanto está sujeto al mercado. Mucho más que los otros futbolistas, porque los otros jugadores no tiene su valor en el mercado. Cristiano, junto a Messi, es uno de los más valiosos, por tanto está sujeto a ofertas tentadoras y muy agresivas. Hay clubes, como el Manchester City, que le han ofrecido 20 millones por temporada, más del doble de lo que gana en el Madrid. Así que en el futuro inmediato, en el plano económico, veo que el Madrid va a tener dificultades para retener a Cristiano. La aparición de fondos de los países del Golfo, que le dan una cantidad de dinero inagotable a algunos clubes, puede hacer que Cristiano se acabe marchando. Porque el dinero le gusta mucho. Creo que Cristiano no estaría dispuesto a soportar otro año sin títulos mayores. Esto en cuanto a su futuro profesional. Como jugador creo que tiene una carrera larguísima por delante, porque tiene unas condiciones físicas maravillosas. Además es un profesional muy disciplinado, que se cuida mucho. No va a ser tan brillante como ha sido hasta ahora. A partir de los 28 años va a ir perdiendo potencia, pero siempre va a ser un gran rematador y gran cabeceador con lo cual va a meter muchos goles. Lo que no veo, por el momento, es que vuelva a ser de nuevo el número 1 del mundo, salvo que Messi se canse de ganar balones de oro. Para que Cristiano sea el mejor del mundo, Messi se tiene que cansar o lesionar, una de dos. Ese es el panorama. A menos que gane muchos títulos con Mourinho, pero yo no lo veo.
—M. Pereira: Cristiano ha hecho el camino al revés. Ya ha pasado por la Liga donde todos quieren ir: la Premier, *el Do-*

rado para muchos futbolistas. Con lo cual el retorno a Inglaterra yo no lo veo. Terminar su carrera en Portugal... tampoco. Así que me parece que aguantará todo lo que pueda aquí a menos que acepte una de esas ofertas astronómicas. Cristiano es la bandera, el escudo del Real Madrid, y no se puede ir, a menos que esta nueva temporada sea un fracaso. Después del Real Madrid, puede ser que siga el camino de David Beckham, de las grandes estrellas y se vaya a Estados Unidos. Esperemos que no le pase nada, que no tenga una lesión, porque todavía tiene mucho que dar al fútbol, tiene muchos años al máximo nivel. Porque este hombre tiene un fondo físico increíble que se ha construido con muchos esfuerzos y mucho trabajo. Como jugador puede evolucionar y con el tiempo va a ir perdiendo la explosividad y la frescura que tiene ahora y puede transformarse en un jugador más de equipo. Un hombre del centro del campo que reparte balón y se asocia con los compañeros. Cosa que ahora no siempre hace.

—I. Hawkey: Lo interesante será ver el momento en que Cristiano pierda su rapidez. ¿En qué jugador se convertirá con menos velocidad, pero con más madurez? Es difícil imaginarse a Ronaldo como centrocampista. Todo dependerá de su cabeza, y de si sigue por detrás de Messi en la lucha para ser el mejor del mundo tal vez su frustración aumentará. De una cosa estoy seguro, no lo veo como entrenador después de jubilarse. Pero en el fútbol como en la vida, nunca se sabe.

Una carrera en cifras

Nombre: Cristiano Ronaldo dos Santos Aveiro.
Apodos: CR7, CR9, Cris.
Fecha de nacimiento: 5 de febrero de 1985.
Lugar: Funchal, Madeira, Portugal.
Nacionalidad: portuguesa.
Padres: Dinis, fallecido el 6 de septiembre de 2005, y María Dolores.
Hermanas: Catia y Elma.
Hermano: Hugo.
Hijo: Cristiano Junior.
Altura: 1,86 metros.
Peso: 85 kilos.
Posición: Extremo.
Número de camiseta: 7.

EQUIPOS EN SU CARRERA:
Andorinha   (1993-1995)
Nacional   (1995-1997)
Sporting de Lisboa   (1997-2003)
Manchester United   (2003-2009)
Real Madrid   (2009-hasta hoy)

SPORTING DE LISBOA:
Debut con el primer equipo: el 14 de julio de 2002, en un amistoso contra el Olympique de Lyon.
Debut en la Liga portuguesa: el 7 de octubre de 2002 contra el Moreirense F.C.
Primer gol: el 3 de agosto de 2002 en un amistoso contra el Real Betis Balompié.

Partidos jugados:
Liga: 25 Goles: 3
Copa: 3 Goles: 2
Europa: 3 Goles: 0

MANCHESTER UNITED:
Debut: En la Premier League, el 16 de agosto de 2003 contra el Bolton Wanderers.
Primer gol: el 1 de noviembre de 2003 contra el Portsmouth.

Partidos jugados:
Liga: 196 Goles: 86
Copa: 38 Goles: 17
Europa: 55 Goles: 16

REAL MADRID:
Debut: el 21 de julio de 2009, en un amistoso contra el Shamrock Rovers.
Debut en Liga: el 29 de agosto de 2009 contra el Deportivo de la Coruña.
Primer gol: 29 de julio de 2003, en un amistoso contra el Liga de Quito.

Partidos jugados (hasta el 31 de diciembre de 2011):
Liga: 79 Goles: 86
Copa: 11 Goles: 9
Europa: 22 Goles: 16

SELECCIÓN PORTUGUESA:
Debut: el 20 de agosto de 2003, en un amistoso contra Kazajstán.
Primer gol: el 12 de junio de 2004 contra Grecia, en el primer partido de la Eurocopa de Portugal.
Partidos jugados (hasta el 31 de diciembre de 2011):
Partidos: 87 Goles: 32

GRANDES TORNEOS DISPUTADOS:
Eurocopa 2004 de Portugal, Copa del Mundo 2006 de Alemania, Eurocopa 2008 de Austria-Suiza y Copa del Mundo 2010 de Suráfrica.

PALMARÉS DE TÍTULOS CON CLUBES:
Manchester United:
Champions League (2008)
Premier League (2007, 2008 y 2009)
FA Cup (2004)
League Cup (2006 y 2009)
Copa Mundial de Clubes (2008)
Community Shield (2007)

Real Madrid:
Copa del Rey (2011)

PALMARÉS DE TÍTULOS INDIVIDUALES:
Balón de Oro (2008)
FIFA World Player (2008)
Bota de Oro europea (2008 y 2011)
Premio PFA al jugador del año (2007 y 2008)
Premio PFA al jugador joven del año (2007)
Jugador del año *sir* Matt Busby (2004, 2007 y 2008)

Bibliografía

Libros

—BALL, Phil, *Tormenta blanca*, T&B Editores, Madrid, 2009.

—BEST, George, *Blessed, The autobiography*, Londres, 2002.

—CARLIN, John, *Los ángeles blancos. El Real Madrid y el nuevo fútbol*, Seix Barral, Barcelona, 2004.

—CUBEIRO, Juan Carlos y GALLARDO, Leonor, *Mourinho versus Guardiola*, Alienta, Barcelona, 2010.

—CUBEIRO, Juan Carlos y GALLARDO, Leonor, *El Mundial de la Roja*, Alienta, Barcelona, 2010.

—DE CALÓ, Alessandro, *Il calcio di Cristiano Ronaldo ai raggi X*, I quaderni della Gazzetta dello Sport, Milán, 2010.

—GONZÁLEZ, Luis Miguel y GALLARDO, Juan Ignacio, *Las mejores anécdotas del Real Madrid*, La Esfera de los Libros, Madrid, 2011.

—LOURENÇO, Luis, *Mourinho*, Mondadori, Milán, 2010.

—MODEO, Sandro, *L'alieno Mourinho*, Isbn Edizioni, Milán, 2010.

—OLDFIELD, Tom, Cristiano Ronaldo, *The 80 million men. The inside story of the greatest footballer on earth*, John Blake Publishing, Londres, 2009.

—ORTEGO, Enrique, *Sueños cumplidos, Cristiano Ronaldo*, Editorial Everest, León, 2010.

—RELAÑO, Alfredo, *366 Historias del fútbol mundial que deberías saber*, Martínez Roca, Madrid, 2010.

—RONALDO, Cristiano y BRANDÃO, Manuela, *Momentos*, Ideias et Rumos, Lisboa, 2007.

—SUÁREZ, Orfeo, *Palabra de entrenador*, Editorial Córner, Barcelona, 2011.

—TIDEY, Will, *Life with Sir Alex: A Fan's story of Ferguson's 25 years at Manchester United*, Londres, 2011.
—TORO, Carlos, *Anécdotas del fútbol*, La Esfera de los Libros, Madrid, 2004.
—VILLAREJO, Luis, *Capitanes*, LID, Madrid, 2010.

Revistas
FourFourTwo, Londres,
France Football, París,
Don Balón, Barcelona,
Guerin Sportivo, Bolonia.

Periódicos
España: *El País, El Mundo, La Vanguardia, ABC, Marca, As, Sport, Mundo Deportivo*.
Inglaterra: *The Times, The Guardian, The Independent, Daily Mirror, Daily Star, Daily Telegraph, The Sun, News of the World*.
Portugal: *Diário de Notícias, Público, Jornal da Madeira, Correio da Manhã, A Bola, Record*.
Italia: *Corriere della Sera, La Repubblica, La Gazzetta dello Sport, Il Corriere dello Sport*.
Francia: *L'Équipe*.

Anuarios
Guía Marca de la Liga 2010 (Grupo Unidad Editorial)
Guía Marca de la Liga 2011 (Grupo Unidad Editorial)
Guía Marca de la Liga 2012 (Grupo Unidad Editorial)

TV
España: RTVE, Antena 3, Tele 5, La Sexta, Intereconomia TV, Real Madrid Televisión.
Portugal: RTP, SIC.
Inglaterra: Sky Sports, MU TV.

Documentales
Planeta Ronaldo (SIC), *Cristiano Ronaldo al Límite* (Castrol)

Radios
España: Cadena SER, Cadena COPE, Onda Cero, Radio Nacional de España, Radio Marca.
Inglaterra: BBC.

Páginas web
www.fifa.com
www.uefa.com
www.realmadrid.com.
www.manutd.com
www.sporting.pt
twitter.com/cristiano
twitter.com/cr7web
www.facebook.com/Cristiano
www.cronaldo7.es/.../facebook-oficial-de-cristiano-ronaldo
www.cronaldo7.es
www.ronaldofan.com
www.ronaldoweb.com
www.cristianoronaldo.com
www.cr7.es
www.ronaldoattack.com
www.gestifute.com

Agradecimientos

Gracias a Diego Torres, Manuel Pereira, Ian Hawkey, Manuel Montero, Carlos Ramos, Laure Merle d'Aubigné, Roberto Domínguez, Roberto Baldinelli.

Dedicado a Elvira, a Lorenzo, a Olmo, a Alda y a Tullio.

ESTE LIBRO UTILIZA EL TIPO ALDUS, QUE TOMA SU NOMBRE
DEL VANGUARDISTA IMPRESOR DEL RENACIMIENTO
ITALIANO ALDUS MANUTIUS. HERMANN ZAPF
DISEÑÓ EL TIPO ALDUS PARA LA IMPRENTA
STEMPEL EN 1954, COMO UNA RÉPLICA
MÁS LIGERA Y ELEGANTE DEL
POPULAR TIPO
PALATINO

* * *

* *

*

CRISTIANO RONALDO,
HISTORIA DE UNA AMBICIÓN SIN LÍMITES
SE ACABÓ DE IMPRIMIR
EN UN DÍA DE INVIERNO DE 2012,
EN LOS TALLERES GRÁFICOS DE EGEDSA
ROÍS DE CORELLA 12-16, NAVE 1
SABADELL (BARCELONA)

* * *

* *

*